# PRÉCIS

## DES BATAILLES

### DE FLEURUS ET DE WATERLOO.

L'Imprimeur, éditeur règnicole, ayant satisfait aux conditions prescrites par l'article 6 de la loi du 25 Janvier 1817, et le droit exclusif de *copie* du présent ouvrage lui étant, en conséquence, acquis dans le Royaume des Pays-Bas, déclare qu'il poursuivra conformément aux articles 1, 4 et 7 de la même loi, les imprimeurs, les distributeurs, les débitans de contrefaçons, extraits et *traductions* en tout ou en partie, du *Précis historique* par M.r le général BERTON, ainsi que les débitans d'exemplaires importés de l'étranger.

La Haye, 14 Août 1818.
WALLEZ.

# PRÉCIS

## HISTORIQUE, MILITAIRE ET CRITIQUE

# DES BATAILLES

## DE FLEURUS ET DE WATERLOO,

DANS LA CAMPAGNE DE FLANDRE,

EN JUIN 1815;

DE LEURS MANOEUVRES CARACTÉRISTIQUES, ET DES MOUVEMENS QUI LES ONT PRÉCÉDÉES ET SUIVIES.

AVEC UNE CARTE POUR L'INTELLIGENCE DES MARCHES.

*Par le Maréchal-de-Camp Berton.*

---

*Non est, inquis, idem; multò plus esse probabo.*
MARTIAL.

---

LA HAYE,
DE L'IMPRIMERIE BELGIQUE; SPUI, N.° 72.

J. B. Wallez, *Editeur;* (*Librairie Belgique*) *à La Haye.*

15 Août 1818.

# AVERTISSEMENT.

---

Ce Précis n'ayant point été écrit seulement pour les militaires, mais encore pour les autres classes de la société, il aurait peut-être été nécessaire de donner la définition de quelques termes techniques dont on est forcé de se servir dans un court exposé de dispositions de batailles et dans des raisonnemens sur les principes mêmes de la guerre; mais il faudrait pour cela écrire un traité entier, ou en copier d'excellens qui existent.

J'en ai plutôt évité l'emploi fréquent, et je m'en suis servi de manière à ce qu'ils fussent expliqués par le développement de l'idée qu'ils représentent : quelques définitions auraient été superflues pour les gens qui ont étudié le grand art de la guerre et insuffisantes pour ceux que leur état n'a point appelés à s'instruire des règles de cette science difficile.

On trouvera, du reste, ces définitions bien mieux développées que je ne pourrais le faire, sans répéter les mêmes termes, dans le *Traité des grandes opérations militaires*, par le général JOMINI : après avoir puisé les principes de la guerre dans la nature des choses mêmes, il a prouvé qu'elle n'était pas une science vague, en appliquant ses préceptes à un grand nombre d'exemples. J'indiquerai également l'excellent ouvrage de M.$^r$ le lieutenant-général Rogniat (*Considérations sur l'art de la guerre*), où il fait aussi quelques savantes applications de ces règles. Je citerai, enfin, les *Principes de la Stratégie* de l'Archiduc Charles, dans lesquels on reconnaît les profondes méditations d'un grand capitaine : cet ouvrage est traduit de l'allemand et enrichi de notes explicatives; le premier volume, assez abstrait pour les hommes qui n'ont pas déjà des connaissances étendues de l'art de la guerre, doit être un sujet de méditation pour ceux qui voudront en approfondir la grande théorie.

La 13.$^{me}$ feuille de la carte de Ferraris montrera, avec plus de précision, les mouvemens des batailles indiquées dans ce Précis que la réduction d'une partie de cette même carte, qu'on y a jointe et qui est proportionnée à l'étendue du texte.

# PRÉCIS

## HISTORIQUE, MILITAIRE ET CRITIQUE

## DES BATAILLES

## DE FLEURUS ET DE WATERLOO.

---

Des évènemens extraordinaires, connus du monde entier, n'ont jusqu'à présent été pénétrés que par quelques hommes; personne, jusqu'à ce jour, n'a encore fait connaître la cause des revers éprouvés par l'armée française dans la courte campagne de Juin 1815. Les uns la cherchent dans la trahison, qui était sans pouvoir sur l'esprit de cette armée, dont les dispositions morales et militaires auraient suffi pour anéantir les coupables desseins de tous les fauteurs d'ignominie (1) ; d'au-

---

(1) Quelques hommes inutiles et intrigans, mauvais citoyens, ou militaires nuisibles aux armées, ont cherché à se faire un mérite d'évènemens inattendus ; et sans rougir de leur fourberie, pé-

tres, sans examen, ont jugé tout naturel d'attribuer la victoire à la supériorité des talens de

nétrés de leur impuissance, sans être honteux de leur lâcheté, ils ont eu la mauvaise foi de s'attribuer la cause de ces événemens, ou de s'en déclarer les moteurs. Les uns, placés dans de fausses positions, contre leur prévoyance, en s'abandonnant au destin, qui ne leur semblait pas prospère, se sont jetés au hazard du côté où ils ont cru perdre le moins; les autres, tirant parti de la nullité dans laquelle on les avait laissés, malgré leurs sollicitations, en désertant les rangs du malheur pour courir vers le parti victorieux, ont raconté des mensonges qu'ils nommaient, en termes honnêtes, des révélations, et par de sourdes menées, par de perfides manœuvres, tous ont cherché à flétrir, à éloigner des hommes francs et recommandables, qu'ils ne voulaient pas rendre les témoins de leurs fausses démarches, afin de ne pas être dévoilés par eux; et ils ont obtenu des récompenses: d'autres, enhardis par la conduite des premiers, et portant bien plus loin leurs misérables prétentions, se sont vantés d'avoir découvert et livré les plans de campagne des Français! De telles assertions n'ont de prix qu'aux yeux de l'ignorance. On pouvait faire connaître la marche de l'armée, sa ligne d'opérations, qui était la distance à parcourir des frontières de France à l'ennemi: ce n'était un secret que pour les contrées éloignées du théâtre de la guerre, puisque les premiers mouvemens de l'armée française pouvaient être indiqués d'avance par l'emplacement même de ses ennemis: on pouvait, sans doute, annoncer son approche aux Prussiens, aux Anglais, s'ils eussent été assez mal servis pour l'ignorer. Quant aux plans, chaque bataille a le sien, qui se fait sur le terrein, en présence de son adversaire et par rapport à ses dispositions qu'il faut connaître; il se calcule sur la ligne d'opérations, qui se change en ligne de manœuvres; le général ne peut pas lui-même desiner nos ennemis : je répondrai à cela dans le cours de ce Précis, en démontrant le contraire. On n'a point cherché à diminuer la force numérique de notre armée, pour ne rien ôter au mérite du vainqueur ; on a fait de grands éloges de la bravoure des étrangers ; on a presque gardé le silence sur la valeur des Français. On a dit, en France, beaucoup de mal de l'armée nationale,

---

ce plan ; il faut qu'il sache le saisir à l'instant et l'exécuter à propos. En un mot, un plan de campagne n'est autre chose que le dessein de vaincre ou de conquérir, en marchant vers un but donné ; ce qu'on nomme l'objectif de la guerre. Cette marche qui est rarement un secret, est soumise aux moyens de guerre qu'on peut faire connaître à l'ennemi ; ce qui ne l'empêchera pas d'être battu, si ses moyens ne balancent par les nôtres, ou si nous savons en faire un meilleur usage que lui, en profitant mieux des circonstances, qui sont de tous les momens dans le cours d'une campagne et qu'on ne peut pas calculer d'avance : il appartient de les bien connaître, à l'expérience et à la science militaire, qui demande de longues et de profondes études.

Il y a eu, à la vérité, des trahisons de courage et de devoir, si je puis m'exprimer ainsi, de la part de ceux qui courent après les commandemens, qui sont excellens quand tout va bien, mais qui, dans les revers, évitent le péril pour songer à leur sort futur ; loin de se montrer supérieurs au danger, par l'ascendant du courage qui sait braver la mort, ils n'ont point cette force d'âme et de caractère qui inspire de la confiance et fait partager un noble dévouement à ceux qui doivent leur obéir. Les soldats savent tout braver, quand leurs chefs ont la force d'en donner l'exemple et de savoir mourir.

mais d'une voix si faible que l'écho n'a pu franchir les murs gothiques de certains salons.

Des écrits présentent un objet plus dangereux pour la persuasion, lorsqu'ils tendent à fortifier l'erreur et à répandre le mensonge. Il en existe déjà un trop grand nombre de ce genre, dont plusieurs se distinguent par une basse méchanceté. Les circonstances ne permettaient pas à des Français, amis de leur patrie, de faire entendre la vérité; elles ne leur laissaient que la liberté de se taire, tandis qu'elles favorisaient les mauvaises intentions des hommes qui n'ont de l'honneur qu'à prix d'argent, et qui s'avilissent aux yeux de l'Europe pour s'élever et jouer un grand rôle dans une petite coterie. Quelques-uns ont cru plus prudent de garder l'anonyme que de dévoiler au public leur coupable empressement à prendre l'initiative dans un récit qui semble être la justification d'un transfuge. Je veux parler d'une relation de cette campagne, sortie des presses de *J. G. Dentu:* l'auteur anonyme, ou pseudonyme, se disant témoin oculaire (1), paraît être un ardent détracteur de la gloire et du nom français. Cette

---

(1) *Combien de gens font-ils des récits de bataille,*
*Dont ils se sont tenus loin!*
MOLIÈRE, Amphit. *Act.* 1. *Scène* 1.

histoire, *enrichie* de lettres de généraux, d'officiers *anglais et allemands*, d'une formule de prière pour rendre grâces de la victoire etc. etc. est en outre *fort ingénieusement* surchargée d'une vue panoramique du champ de bataille de Waterloo; idée tout-à-fait neuve, qui fait connaître le génie de l'auteur. Cette histoire a du être d'un grand débit parmi les ennemis de la France et de l'armée, si j'en juge par la quatrième édition que j'ai sous les yeux. Ceux qui ont composé ce livre, après avoir critiqué les récits, ou les traductions, sur le même sujet, n'en tirent pas moins des matériaux pour faire trois relations qui coïncident très-bien ensemble; et, par ce charlatanisme, ils ont trouvé le moyen d'augmenter leurs pages, afin de vendre plus cher.

Je ne parlerai pas d'une autre compilation en deux volumes in 8.°, parce qu'elle est d'un homme qui a déjà été condamné par les tribunaux pour d'autres écrits mensongers et calomnieux.

Je m'attacherai particulièrement à répondre à quelques lignes, sur les opérations de ces deux batailles, écrites par un militaire extrêmement distingué, et données pour exemples dans des *Considérations sur l'art de la guerre:* elles peuvent avoir de l'influence en raison du mérite et du caractère de l'auteur, qui se fût plus appesanti sur les faits s'il eût voulu fournir des matériaux pour l'histoire de cette campagne, qu'on a défigurée. Je vais en donner une esquisse, à partir de la veille de la bataille de Fleurus.

Le 15 Juin, l'armée française s'avançait sur trois colonnes, venant de Beaumont, Maubeuge, et Philippeville, pour déboucher par Charleroi, Marchienne-au-Pont et Chatellet. Après quelques affaires d'avant-postes, la plus grande partie avait passé la Sambre le même jour. La division de cavalerie légère du général *Domon* poursuivait vivement l'ennemi sur Charleroi; un carré d'infanterie prussienne voulut l'arrêter en deça de cette ville, pour donner aux siens le tems de couper le pont de la Sambre, qu'il n'avait pas fait miner; mais ils ne purent que l'endommager : le colonel *Desmichels*, à la tête du 4.me régiment de chasseurs soutenu par le 9.me, enfonça le carré, et lui fit quatre à cinq-cents prisonniers. Le corps de cavalerie légère du général *Pajol*, composé de six régimens, suivait cette division pour passer le pont de Charleroi, puis se prolongea à droite, après avoir dirigé le général *Clary*, avec le 1.er régiment de hussards, sur Gosselies, où il sabra un bataillon prussien et lui prit son drapeau : un carré d'infanterie fut également enfoncé près du bois de Lobbes, par les dragons de la garde; le général *Letort* y fut blessé mortellement.

Le corps du général *Pajol*, excepté le 1.er régiment de hussards, qui ne le rejoignit que le lendemain, s'établit le soir à Lambusart, tenant de forts postes sur la droite, et ayant une division à la ferme de Martin-Roux; la division du général *Domon* était placée à gauche, à la tête du bois de Fleurus; un corps de huit régimens de dragons, aux ordres du général *Excelmans*, a bivouaqué en arrière de la cavalerie légère et en avant des troisième et quatrième corps d'infanterie.

Une division de cavalerie légère de la garde fut s'établir à Frasne, sur la grande route de Charleroi à Bruxelles, après avoir débouché par cette première ville; le deuxième corps d'infanterie, commandé par le lieutenant-général *Reille*, qui avait passé la Sambre à Marchienne, fut prendre position à Gosselies, avec la division de cavalerie légère du général *Piré*; la quatrième division de ce corps d'infanterie, commandée par le lieutenant-général *Girard*, fut envoyée à Heppignies, pour observer Saint-Amand et Fleurus occupés par l'ennemi.

Les hauteurs en avant de Charleroi et de Marchienne-au-Pont étaient garnies de troupes et d'artillerie. Le quartier-général était à Charleroi.

L'auteur des *Considérations sur l'art de la guerre* (1) dit, après avoir parlé de notre marche du 15 :

» L'armée anglaise était cantonnée de Bruxelles
» à Nivelles ; l'armée prussienne aux environs de
» Fleurus et de Namur. Le projet du général fran-
» çais était d'aller se placer brusquement au mi-
» lieu des cantonnemens des deux armées, d'em-
» pêcher leur réunion, et de tomber succes-
» sivement sur leurs troupes éparses avec toute
» sa cavalerie, qu'il avait formée à cet effet en un
» seul corps de vingt mille chevaux. Tout le suc-
» cès de cette opération était dans la rapidité de
» ses mouvemens ; il devait poster le même jour
» toute son armée jusqu'à Fleurus, par une mar-
» che forcée de huit à dix lieues, et pousser son
» avant-garde jusqu'à Sombref, sur la route de
» Namur à Bruxelles : mais au lieu de se hâter
» d'arriver au milieu de ses ennemis, il s'arrêta
» à Charleroi, soit qu'il fût retardé par le mauvais
» tems, soit par d'autres motifs. »

Les armées ennemies étaient plus éloignées et te-
naient une étendue plus large que ne semble le

_____

(1) Ouvrage imprimé à Paris en 1816.

présenter ce qu'on vient de lire (1); c'est-ce qui avait fait concevoir au général français le projet de jeter vingt mille chevaux à travers leurs cantonnemens; et s'il en avait bien vu la possibilité, il est à croire qu'il n'aurait point hésité pour son exécution, surtout d'après la hardiesse qu'avait montré sa cavalerie dès son premier élan; mais il apprit que des hommes, ayant obtenu l'honneur d'être placés avantageusement dans les rangs français, par leurs sollicitations, s'en étaient échappés le 14, et avaient été conduits sous escorte au quartier-général de Namur. Le général français dut prévenir les effets de la trahison, en modifiant le plan de ses entreprises. Effectivement, le prince *Blucher* se fit amener les transfuges, et ils l'instruisirent de choses qui étonnaient moins le militaire à cheveux blancs que l'action même qui les lui faisait connaître. Le général prussien était loin d'attendre un aussi étrange message, dont les auteurs, sans mission, furent rendus garans; et malgré le mépris qu'ils lui inspi-

---

(1) L'armée anglaise occupait Nivelles, Soignies, Braines-le-Comte, Enghien, Grammont, Ninove, Audenarde, Gand et Bruxelles; l'armée prussienne avait ses premières troupes en avant de Charleroi, occupant cette ville, Marchienne-au-Pont, Chatelet, Fleurus, Namur, Ciney, Liège, Hanut, etc.

raient, l'intérêt de son pays lui faisait un devoir de tirer avantage de leur défection : il sut par eux qu'il n'avait pas un instant à perdre pour réunir ses troupes; qu'il allait être attaqué à l'improviste par cent-cinquante mille Français. Voilà la cause de la prompte réunion de l'armée prussienne sur Sombref, point intermédiaire entre les Anglais, afin de donner à ceux-ci, qui étaient dans une grande sécurité, le tems de se rassembler (1). Le général français jugea fort bien qu'il ne pouvait plus lancer sa cavalerie au milieu de leurs cantonnemens; mais il se prépara à tout réparer, par des dispositions qui le mettaient à même de livrer bataille à la première armée ennemie qu'il trouverait rassemblée sur son chemin. Il continua alors de disposer la sienne en avant de la Sambre.

Le 16, au matin, un corps de cavalerie, compo-

_____

(1) Il faut rendre justice au général prussien sur sa détermination de réunir son armée à Sombref : sa marche fut rapide, savante et hardie; ses alliés ont dû y attacher un très-grand prix. Les deux généraux ennemis doivent des remercîmens aux transfuges : ils ont commis toute la trahison exécutable envers l'armée française, dont ils ont pourtant exagéré l'état de situation, faute de le bien connaître; mais en annonçant son approche, qui était encore ignorée de ses ennemis, ils doivent s'applaudir de lui avoir enlevé de grands avantages.

sé de deux régimens de dragons, quatre de cuirassiers et deux de carabiniers, aux ordres du général *Kellermann*, passa cette rivière à Charleroi, et marcha vers Frasne; une division de lanciers du général *Jacquinot* avait passé à Marchienne, pour se diriger à droite de la route de Bruxelles, tandis que le premier corps d'infanterie, commandé par le comte d'*Erlon*, débouchant par le même pont, suivait la grande route. Une réserve de huit régimens de cuirassiers, précédée par les dragons, les grenadiers à cheval et l'infanterie de la garde, avec leur artillerie, marchait sur Fleurus. Toute l'armée avait successivement passé la Sambre, à l'exception du sixième corps d'infanterie, qui arrivait à Charleroi.

L'auteur des *Considérations sur l'art de la guerre* nous fait connaître les grands mouvemens du 16, en disant:

» Nous nous mettons en mouvement sur trois
» colonnes. La colonne de gauche, forte de
» trente-cinq mille hommes, prend la route de
» Charleroi à Bruxelles, et rencontre une partie
» de l'armée anglaise, en marche pour se joindre
» aux Prussiens, aux Quatre-Bras, nœud de
» jonction des deux routes de Charleroi et de
» Namur à Bruxelles. On se bat de part et d'au-
» tre avec des succès variés; mais, enfin nous

» obtenons le point capital, celui d'arrêter la mar-
» che des Anglais sur la route de Namur. Nos
» deux autres colonnes marchent, l'une sur la
» route de Fleurus, et l'autre à demi-lieue à
» droite. »

En dirigeant une colonne par la grande route de Bruxelles, on n'a pas dû présumer que le général français voulût former une ligne d'opérations double : il en avait, depuis la guerre d'Italie, calculé les inconvéniens et le danger, en retirant de grands avantages de semblables fautes que ses ennemis avaient commises devant lui (1) : mais il est plus naturel de croire qu'il avait l'intention de manœuvrer sur une base concentrique contre les doubles lignes d'opérations de ses ennemis, l'une partant de Bruxelles et Gand, l'autre de Namur et Liège, pour marcher au même but ; ce qu'il nous fera voir lui-même, par ses ordres, donnés lorsqu'il eut reconnu leur situation sur le terrain. Il avait étendu la base de ses manœuvres, assez pour cacher ses desseins avec ses premiers mouvemens, pour circonscrire les positions de l'ennemi, et cantonner ses masses, sans trop

---

(1) Voyez *Jomini*, Traité des grandes opérations militaires, Chap. 34 et 36.

alonger les directions par lesquelles il aurait besoin de les rendre agissantes contre les têtes des colonnes anglaises, ou sur les points décisifs de la bataille qu'il allait nécessairement livrer à l'armée la plus raprochée et qui devait être celle des Prussiens. L'objet principal de toutes ces manœuvres était de parvenir à la séparer de sa ligne d'opérations secondaire, qui était celle de l'armée anglaise, et d'empêcher celle-ci de faire sa jonction avec les Prussiens. Il fallait alors de l'unité dans les mouvemens; la colonne dirigée par la route de Bruxelles n'était donc autre chose que l'aîle gauche de l'armée française. Le général en chef n'a pu faire autrement que de se réserver le droit imprescriptible d'en disposer en tout ou en partie, afin de tenir son armée dans une ligne d'opérations simple, parcequ'elle est la meilleure, en ce qu'elle réunit toutes les forces.

Le même auteur continue :

» Cependant les Prussiens s'étaient rassemblés
» avec beaucoup de célérité (1) ; et lorsque nous
» arrivons à Fleurus, à onze heures du matin,
» nous trouvons leur armée en position ; la gauche

---

(1) Nous avons indiqué la cause de ce prompt rassemblement, à la page 13.

» à Sombref, sur la route de Namur à Bruxelles,
» la droite à Saint-Amand, ayant son front cou-
» vert par le ruisseau escarpé de Ligny. Nous arri-
» vons sur leur flanc droit. La raison nous con-
» seillait d'attaquer cette aîle : par-là nous évitions
» en partie les défiles du ruisseau ; nous nous
» rapprochions de notre corps de gauche qui se
» battait aux Quatre-Bras, de manière que les deux
» armées pussent se donner mutuellement du secours;
» et enfin nous rejetions les Prussiens loin des
» Anglais, en les forçant de se retirer sur Namur.
» Mais le général français agit différemment ; il
» attaque de front ; et, après plusieurs combats
» sanglans, il force enfin le défilé de Ligny avec
» sa réserve, et il débouche sur le centre de l'ar-
» mée prussienne, dont la retraite, favorisée par
» la nuit, se fait naturellement vers les Anglais,
» du côté de Bruxelles, puisque nous les chassions
» dans ce sens. Nous couchons sur le champ de
» bataille après cette victoire sanglante et peu
» décisive. »

Ce peu de lignes nous disent d'abord que le général français devait conserver une seule ligne d'opérations ; et nous prouverons que tel était son plan, et que des attaques de front devenaient indispensables pour obliger le général prussien, qui tenait ses troupes très-réunies, à de grandes manœuvres de tactique, en le forçant d'engager le plus de forces possibles sur sa première ligne, où il était nécessaire d'occuper fortement son attention, pour lui cacher un grand mouvement stratégique qu'on voulait faire opérer, en dirigeant des masses contre son flanc droit. Je vais expliquer ces dispositions, après avoir fait connaître celles de l'ennemi lorsque nous l'avons approché.

L'armée prussienne avait fixé sa position principale sur le plateau du moulin de Bussy, entre Bry et Sombref; elle avait avancé sa première ligne de bataille sur le ruisseau escarpé de Ligny.

Le premier corps prussien, commandé par le général *Ziethen*, rejeté, le 15, entièrement jusqu'à Fleurus, s'était établi, le 16, sur les hauteurs, entre Saint-Amand et Bry : il avait fortement garni de troupes le premier de ces deux villages.

Le deuxième corps commandé par le major-général *Pirch*, venant de Namur, était en seconde ligne du premier; sa droite à Bry, son aile gauche vers Sombref.

Le troisième corps prussien, sous les ordres du lieutenant-général *Thielemann*, partant de Ciney, sur la rive droite de la Meuse, s'était placé sur la route de Namur; la droite à Sombref, étendant sa gauche par le point du jour, vers Botey.

Le général *Bulow* arrivait de Liège avec le quatrième corps, forçant sa marche par Hanut, Perwez-le-Marché, sur Gembloux, qu'il ne dépassa pas, pour y être arrivé après que les trois autres corps furent battus. Les trois premiers corps réunis formaient une masse de quatrevingt-dix mille hommes, y compris leur cavalerie. Nous ne leur avons pas opposé plus de soixante-mille hommes, puisque le premier corps, le deuxième, excepté sa quatrième division, et le sixième n'ont point pris part à cette affaire, comme on le verra par la suite.

D'après la position des corps prussiens que je viens d'indiquer, en marchant de Charleroi sur Fleurus, nous n'arrivions pas, comme le prétend l'auteur que j'ai cité, sur le flanc droit de l'armée prussienne, qui était à Bry, sa cavalerie s'étendant encore bien au-delà; mais on a déjà dû remarquer que les Prussiens étaient débordés, sur leur flanc droit, depuis le 15, et le 16 au matin, par les premier et deuxième corps d'infanterie, par la cavalerie du général *Kellermann*, et par trois autres divisions de cette arme, en supposant même qu'une portion de cette cavalerie dût opérer avec le deuxième corps d'infanterie vers les Quatre-Bras.

Par les seules dispositions du général français, que j'ai fait connaître jusqu'ici, on voit que son intention était d'opérer une diversion sur les Quatre-Bras avec une portion des trente-cinq mille hommes de la colonne de gauche pour arrêter ou ralentir la marche des Anglais, en restant, s'il était possible, sur la défensive de ce côté-là, et de pouvoir disposer en tems et lieu d'une partie de cette colonne contre la droite des Prussiens : on ne s'éloignait même pas des principes de la guerre, en ouvrant la route de Charleroi pour couvrir celle de Namur ; les Anglais ne seraient point enfoncés de ce côté-là, eussent-ils été plus réunis, parcequ'ils se seraient isolés des Prussiens. Au reste, il n'a jamais pu entrer dans la pensée du général français de donner deux batailles le même jour, en rompant sa ligne d'opérations pour former une double ligne-manœuvre, même avant de connaître les dispositions des Prussiens. Les Quatre-Bras étaient à plus de trois lieues du premier champ de bataille où l'on trouvait l'ennemi réuni ; si le général français eût eu un autre but que d'y occuper les Anglais avec quelques troupes de la gauche, il aurait agi contre toutes les règles de la science et de l'art de la guerre qu'il connaissait depuis longtems ; il aurait perdu l'unité de manœuvres avec l'unité d'armée, et l'initiative de tous les mouvemens stratégiques, partie scientifique de la guerre dont il s'était bien rendu maître ce jour-là; ce qui exposait l'ennemi à un danger d'autant plus grand, que les dispositions du général prussien tendaient à s'opposer à toutes les forces de l'armée française, par lesquelles il croyait être attaqué sur son front. S'il eût connu les dispositions du général français contre son aîle droite, il aurait probablement porté son premier corps à Bry, au lieu de le laisser sur Saint-Amand, et il l'eût fait appuyer à droite par une réserve; il eût éloigné davantage ses masses qui n'étaient point engagées, pour ne pas les laisser, pendant toute la bataille, inutilement exposées au feu d'une nombreuse artillerie qui devait y causer de grands ravages.

Les premiers rapports de l'aîle gauche de l'armée française avaient confirmé au général en chef qu'il pouvait disposer du corps d'infanterie commandé par le comte d'*Erlon* et composé de plus de vingt-mille hommes. Il n'a jamais pu y avoir de contrariété sur l'unité du pouvoir; mais il est important de faire remarquer ici que l'unité d'action avait été d'abord convenue. On ne devait raisonnablement point en douter; il est néanmoins nécessaire d'en démontrer la vérité, afin que chacun puisse juger ce que je dois faire connaître dans la suite de ce Précis.

Le général français, en se portant, le 16, au matin, sur l'armée prussienne, s'attendait à la trouver disposée à couvrir la ligne de communication sur Namur; mais l'ayant rencontrée, à son grand étonnement, dans un ordre contraire, il dut en être satisfait, puisque cette disposition lui permettait de concentrer ses forces, en lui donnant l'avantage de conserver sa ligne d'opérations simple contre les lignes doubles des ennemis, qui étaient encore éloignés de pouvoir mettre toutes leurs troupes en action sur le même point. Il connut bien vite que les Prussiens s'étaient établis en première ligne défensive sur l'armée anglaise, qu'ils considéraient comme la base secondaire de leurs opérations; et elle n'était pas réunie; ses colonnes arrivaient sur plusieurs directions.

Il détermina alors son plan d'attaque, qui sera apprécié par les militaires instruits de tous les pays, qui voudront l'examiner sans prévention. Ils verront dans toutes ses dispositions antérieures, que j'ai fait connaître, le chef-d'œuvre du coup-d'œil militaire (1) : celles qui vont suivre en sont le complément.

---

(1) Le coup d'œil militaire est le génie de la guerre; il est d'un

Il fixa de suite les points où il devait porter ses masses agissantes ; les deux premiers furent les villages de Saint-Amand et de Ligny ; le village de Bry devenait le point stratégique principal de la bataille : en s'en rendant maître, il séparait les Prussiens de l'armée anglaise. Il considéra Ligny

---

grand secours à l'officier d'artillerie pour bien diriger ses pièces ; il est de la plus grande importance à l'officier de cavalerie pour faire une charge à propos ; il est nécessaire au colonel, au maréchal-de-camp, au lieutenant-général d'infanterie, pour bien placer leurs troupes, pour attaquer un village, un bois ; etc. Il est indispensable à l'officier d'état-major, pour asseoir un camp dans un lieu favorable, où chaque arme se trouve dans le terrein qui lui convient.

Le coup-d'œil militaire d'un général en chef embrasse le plan de toute une campagne ; en prévoit les évènemens et les prépare ; il plane sur les contrées qui doivent devenir le théâtre de la guerre ; il s'y rend maître du cours des fleuves, pour les franchir ou s'en faire une barrière d'airain devant ses ennemis, et fixe les champs de bataille.

Si l'esprit et le bon sens sont les premières dispositions pour avoir le coup-d'œil, le général d'armée l'acquiert par de profondes études auxquelles la philosophie et l'histoire deviennent nécessaires ; il le fortifie par de longues méditations ; l'expérience de tous les jours, acquise sur le terrein même, le raffine et le perfectionne : on peut être un bon général parce qu'on a l'habitude et l'instinct de la guerre ; mais on ne sera jamais un grand capitaine, si on ne possède pas le coup-d'œil, cette transcendance militaire à un haut degré, qui n'est, au reste, que la juste application des principes de l'art de la guerre et de la science qu'il exige.

comme la clé de la position de l'ennemi ; il réunit en avant de Fleurus une forte réserve en infanterie, cavalerie et artillerie, destinée, lorsqu'il en serait tems, pour le centre de la ligne prussienne par le village de Ligny, qui devenait un double point de tactique et de stratégie. Il avait d'abord expédié l'ordre à la colonne de gauche de manœuvrer par la droite, en employant le moins de monde possible devant les Anglais ; cet ordre était si précis, qu'il attachait le sort de la France à son exécution.

Nous avons dit plus haut que la quatrième division du deuxième corps avait été placée, le 15, au soir, à Heppignies ; le général la réunit au troisième corps d'infanterie pour attaquer Saint-Amand. Il envoya une division de la jeune garde en réserve à gauche de ce village, avec celle de cavalerie légère du général *Domon*; une brigade de lanciers, commandée par le maréchal-de-camp *Colbert*, fut placée à gauche de ces troupes pour maintenir la communication avec l'aile gauche.

Le quatrième corps fut dirigé sur Ligny avec quatre régimens de cavalerie formant la division du général *Maurin* pour appuyer l'infanterie à droite de Sombref et pour se lier avec le corps des dragons du général *Excelmans*, qui se porta sur Tongrenelle et en face de Tongrines ; le corps de six régimens de cavalerie légère, commandé par le lieutenant-général *Pajol*, formant l'extrême droite de l'armée, fut s'établir à Oscoz, le long de l'Orneau.

Le général français courut examiner lui-même le terrein que devait occuper la droite de son armée, où il ne voulait que contenir les Prussiens ; il fit poster à la hâte, crainte que l'ennemi ne s'en emparât, un bataillon du 50.me régiment, commandé par le colonel *Lavigne* (division sous les ordres du maréchal-de-camp *Hulot*) dans un bouquet de bois sur une petite hauteur conique, entre Tongrenelle et Tongrines, au-delà du ruisseau de Ligny, pour soutenir les dragons d'*Excelmans*, qui devaient, à tout prix, empêcher les Prussiens de déboucher par Tongrenelle, où leurs tentatives furent repoussées par plusieurs charges de cette cavalerie, qui leur enleva cinq pièces de canon : deux furent prises par le 5.me régiment, et trois par le 13.me, commandé par le colonel *Saviot*. Ce bataillon s'est d'abord emparé du village de Tongrines, ce qui inquiéta beaucoup l'ennemi de ce côté-là ; il reprit le village et avança la gauche de son infanterie jusqu' Vilret, pour l'opposer, dit le rapport prussien, à un gros corps de troupes qui s'était présenté sur ce point. En effet, ce bataillon s'est conduit, pendant toute la journée, avec tant d'intelligence et de valeur qu'il paraissait se multiplier. Je regrette de ne pas connaître le nom de l'officier qui le commandait, pour le citer comme un brave et bon militaire.

On voit que les flancs extérieurs des deux premiers points d'attaque étaient fortement garantis contre les entreprises de l'ennemi.

On dirigeait un feu très-meurtrier sur les deux grands points d'appui de l'armée prussienne, Ligny et Saint-Amand : le dernier était d'une grande importance pour elle, parcequ'il formait la tête de sa ligne défensive et devait être le pivot de tous les mouvemens stratégiques que son général projetait dans l'espoir du concours de l'armée anglaise : il était également essentiel pour nous, puisqu'il liait l'armée avec son aîle gauche. Il fut d'abord enlevé ; mais le général ennemi l'ayant attaqué de nouveau avec de grandes forces, fit croire un moment au général français que le sort de la journée était là ; et il voulut y faire diriger le premier corps d'infanterie qu'il supposait en marche, plutôt que d'y employer sa réserve, qui était plus près et qu'il destinait à une attaque décisive sur Ligny ; mais les affaires se rétablirent sur ce point, par le moyen d'une batterie placée à gauche par les soins du lieutenant-général *Drouot*, et qui prenait les colonnes ennemies à revers.

L'ennemi s'acharnait alors à disputer le village de Ligny, où il renouvellait sans cesse ses attaques par des troupes fraiches, et s'en était encore rendu maître pour la cinquième ou sixième fois. La 4.me division du deuxième corps se porta entre Saint-Amand et Ligny. Ce fut là que l'intrépide général *Girard* reçut une blessure mortelle ; il fut transporté à Paris, où sa famille recueillit son dernier soupir. Elle pleure encore le brave dont l'épée était toute sa fortune !!!

Les ordres envoyés à l'aile gauche avaient été communiqués, selon les instructions, au commandant du premier corps d'infanterie, en réserve dernière Franc, près de Villers-Pernin; celui-ci se mit d'abord en marche, il était déjà assez près du village de Bry, lorsqu'il reçut successivement plusieurs contre-ordres de la gauche; il obéit malheureusement au dernier et rétrograda.

Un maréchal-des-logis de la gendarmerie d'élite, venant de l'aile gauche, avait fourni une occasion sûre de renvoyer de nouveaux ordres, expédiés pour la seconde ou troisième fois et aussi précis que les premiers ; pour les faire parvenir avec célérité, on fit donner un cheval frais à ce sous-officier, afin qu'il pût servir de guide au colonel *Forbin-Janson*, qui fut chargé de les porter.

Le général français attendait impatiemment les

premiers coups de canon sur Bry, ce qui était le signal convenu pour se porter rapidement à Ligny, dont il avait rapproché sa réserve. Une ardeur très-funeste, plus mal calculée encore dans les mouvemens de la gauche, prolongeait le retard de ce signal trop longtems espéré; il coûtait à l'armée française un sang précieux qu'on versait avec une grande bravoure sur la ligne d'attaque contre les Prussiens, défendue par toutes les forces de l'ennemi qu'il y avait successivement engagées. On ne pouvait plus retarder l'issue de la bataille, puisque l'armée anglaise était en marche et que le jour s'écoulait. Le général français tenait depuis longtems en son pouvoir les moyens de la terminer; il se porta lui-même sur Ligny avec la réserve; la cavalerie tourna le village, tandis que l'infanterie de la garde le traversait en colonne; elle n'y perdit presque personne, et la bataille fut gagnée; mais le nuit étant survenue, le général français n'obtint qu'une portion de la victoire qu'il avait si bien préparée à l'insçu du général prussien. Le corps ennemi qui occupait encore les hauteurs entre Bry et Saint-Amand, se retira par le premier de ces deux villages. Si le comte d'*Erlon*, qui revint trop tard, se fût emparé de Bry, le corps de *Ziethen*, fatigué d'un long combat qui lui avait fait éprouver de grandes pertes, se serait vu entouré et réduit à mettre bas les armes. L'armée prussienne aurait été en grande partie détruite, et entièrement dispersée; elle aurait infailliblement perdu la majeure partie de son matériel: une cavalerie nombreuse, qui n'avait presque rien fait de la journée, ne lui eût pas donné le tems de se reconnaître; elle se fût trouvée dans une situation plus désastreuse qu'après la bataille d'Iéna, à moins que l'armée anglaise n'eût voulu se dévouer pour secourir son alliée.

Le lendemain, le général français fit de très-vifs reproches au commandant du premier corps d'infanterie sur l'énorme faute qu'il avait commise la veille, en discontinuant de marcher sur le village de Bay, conformément à ses ordres; faute qui, prétendait-il (pour me servir de ses propres expressions), avait compromis le salut de la France.

M. *Giraud*, qui n'a pas gardé l'anonyme et dont la plume paraît aussi impartiale qu'elle est française, nous dit (1): « Nous ne sommes point de ceux qui « s'acharnent après le malheur; mais l'amour et la « recherche de la vérité, nous forcent à douter que « le commandant de l'aîle gauche ait mis dans cette af- « faire cette activité, ce dévouement, cette prévoyance

---

(1) Précis des journées des 15, 16, 17 et 18 Juin 1815; chez *Alexis Emery*.

« qui l'ont signalé dans d'autres occasions. Peu
« empressé, autant qu'on peut en juger, de servir
« *Napoléon*, et ne s'étant déterminé à combattre
« que pour préserver la France d'une invasion en-
« nemie, il ne paraît pas avoir porté sur le champ
« de bataille cette ardeur, qui est souvent elle
« seule la première cause de la victoire. Il ne s'est
« point assez inquiété de connaître le terrein où il
« devait opérer, de se procurer des notions cer-
« taines sur la force de son ennemi. Il n'a point
« montré, en un mot, assez de circonspection dans
« la marche, ni assez de tactique dans l'emploi des
« diverses armes qu'il avait à sa disposition. Il
« avait cependant assez de forces pour battre l'avant-
« garde qui lui était opposée. »

M. *Giraud* ne comprend point parmi ces forces
le premier corps d'infanterie; puisqu'il dit plus
haut, page 25 : « Le comte d'*Erlon*, avec le pre-
« mier corps, était en réserve en avant de Mar-
« chienne. Ce corps ainsi placé, formait naturel-
« lement l'arrière-garde des corps destinés à la
« principale attaque, et c'est par lui que *Napoléon*
« devait, en cas de besoin, se faire soutenir. Cette
« remarque est importante, comme on le verra
« bientôt; l'inspection seule d'une carte suffit pour
« la confirmer. » *Il ajoute, page* 29 : « Le com-
« mandant de l'aile gauche devait observer les for-

« ces que les Anglais pouvaient porter sur les
« Quatre-Bras. Ils y présentèrent peu de monde:
« étant allé lui-même, à midi, les observer, il jugea
« le mouvement de peu d'importance, et il resta
« persuadé que l'armée anglaise n'aurait pas le
« tems d'y arriver. Cette opinion, qui était aussi
« celle du général en chef, fut confirmée par les
« rapports qu'il reçut de l'aîle gauche, tandis que
« lui-même manœuvrait contre les Prussiens. »

Après nous avoir fait connaître qu'on avait engagé imprudemment, et avec trop peu de précaution, des têtes de colonnes sur la position des Quatre-Bras, M. *Giraud* continue, page 32: » Le feu
« des Anglais était terrible, et il fallut recourir à
« d'autres dispositions. Ce fut alors que le *commandant de l'aîle gauche*, qui avait cru d'abord
« l'ennemi moins nombreux qu'il ne l'était réellement, passant peut-être avec la même précipitation à l'opinion contraire, songea vers quatre heures d'après-midi, à se faire appuyer par le
« premier corps. Qu'on se souvienne que ce corps
« était à près de trois lieues en arrière du champ
« de bataille; que jusques-là le commandant de
« l'aîle gauche ne s'était point préparé pour une
« affaire sérieuse ; qu'il n'avait point dû, par conséquent, considérer ce corps comme sa réserve;
« que d'ailleurs son éloignement ne lui aurait pas

« permis d'espérer qu'en quelque moment qu'il
« l'appelât, ce corps arriverait assez tôt pour coopé-
« rer à un mouvement décisif; qu'ainsi son absence
« ne devait influer en rien sur les dispositions qui
« lui restaient à prendre pour rétablir un combat
« où jusqu'ici, il faut l'avouer, on ne reconnaît
« pas la prévoyance d'un vieux général. »

Ce fut dans ces circonstances que le général Kellermann, déployant sa valeur accoutumée, fit une charge brillante avec une brigade de son corps, composée des 8.me et 11.me régimens de cuirassiers. Le 8.me, commandé par le colonel *Garavaque*, ouvrit la charge en colonne par pelotons, et traversa la ligne des Écossais; le cuirassier *l'Ami*, de la 5.me compagnie de ce régiment, enleva un drapeau à l'ennemi. Le général en chef, en faisant complimenter le colonel *Garavaque* sur le courage qu'avait montré le 8.me, fit accorder cent louis de récompense au cuirassier *l'Ami*. Le 11.me, commandé par le colonel *Courtier*, seconda parfaitement la charge du 8.me, en chargeant lui-même avec une grande intrépidité; mais le feu que cette brigade reçut de l'infanterie anglaise, embusquée dans le bois de Bossu, l'a forcée de tourner bride assez précipitamment. Le général *Kellermann* eut son cheval tué sous lui et se retira à pied. Un petit nombre de cavaliers, changeant leur retraite en fuite, portèrent le trouble en arrière parmi quelques bagages qui furent pillés. *Cette fuite*, dit M. Giraud, *fut attribuée à la mauvaise conduite d'un chef d'escadron, qui manqua de tête, ou plus probablement de bonne volonté, et qui, fuyant à toute bride et frappant ce qui se rencontrait sur son passage, portait au loin le signal du désordre, en criant partout*: SAUVE QUI PEUT! S'il est vrai, il est bon de signaler cet homme à toute l'armée française, afin qu'on puisse le connaître. Ceux qui étaient restés devant l'ennemi ignoraient cette fuite de quelques hommes entraînés. La brigade s'était ralliée.

En lisant une lettre du 26 Juin 1815, qui se termine par ces mots: » j'attends de la justice de
« V. E. et de son obligeance pour moi, qu'elle voudra
« bien faire inscrire cette lettre dans les journaux
« et lui donner la plus grande publicité (ce qui
« fut fait en effet,) on verra qu'un lieutenant avait conçu un plan de campagne contraire à celui du général en chef et qu'il voulut agir dans ce sens. Cette lettre fut écrite à *Fouché* et s'exprime en ces termes:

« Le 16, je reçus l'ordre d'attaquer les Anglais
« dans leur position de Quatre-Bras ; nous marchâ-
« mes à l'ennemi avec un enthousiasme difficile à
« dépeindre : rien ne résistait à notre impétuosité.

« La bataille devenait générale, et la victoire n'était
« pas douteuse, lorsqu'au moment où j'allais faire
« avancer le premier corps d'infanterie, qui jus-
« ques-là avait été laissé par moi en réserve à Frasne,
« j'appris que le général en avait disposé, sans
« m'en prévenir, ainsi que de la division *Girard*, du
« deuxième corps, pour les diriger sur Saint-
« Amand, et appuyer son aîle gauche, qui était
« fortement engagée contre les Prussiens (1). Le
« coup que me porta cette nouvelle fut terrible ;
« n'ayant plus sous mes ordres que trois divisions
« au lieu de huit sur lesquelles je comptais, je
« fus obligé de laisser échapper la victoire, et
« malgré tous mes efforts, malgré la bravoure et
« le dévouement de mes troupes, je ne pus parvenir
« dés-lors qu'à me maintenir dans ma position
« jusqu'à la fin de la journée. Vers neuf heures du
« soir, le premier corps me fut renvoyé par le
« général en chef, auquel il n'avait été d'aucune
« utilité : ainsi vingt-cinq à trente-mille hommes
« ont été, pour ainsi dire, paralisés, et se sont
« promenés pendant toute la bataille l'arme au
« bras, de la gauche à la droite et de la droite à
« la gauche, sans tirer un coup de fusil (2).

---

(1) Voyez pages 32, 33 et 34.
(2) Relisez la page 25.

« Il m'est impossible de pas suspendre un
« instant ces détails, pour vous faire remarquer,
« M. le duc, toutes les conséquences de ce faux
« mouvement, et en général des mauvaises dispo-
« sitions prises dans cette journée.

« Par quelle fatalité, par exemple, le général
« en chef, au lieu de porter toutes les forces con-
« tre lord *Wellington*, qui aurait été attaqué à
« l'improviste, et ne se trouvait point en mesure,
« a-t-il regardé cette attaque comme secondaire ?
« Comment, après le passage de la Sambre, a-t-il
« pu concevoir la possibilité de donner deux batail-
« les le même jour ? C'est cependant ce qui vient
« de se passer contre des forces doubles des nôtres,
« et c'est ce que les militaires qui l'ont vu ont en-
« core peine à comprendre.

« Au lieu de cela, s'il avait laissé un corps d'ob-
« servation pour contenir les Prussiens, et marché
« avec ses plus fortes masses pour m'appuyer, l'ar-
« mée anglaise était indubitablement détruite entre
« les Quatre-Bras et Gennapes, et cette position, qui
« séparait les deux armées, une fois en notre pou-
« voir, donnait au *général* la facilité de déborder
« la droite des Prussiens, et de les écraser à leur
« tour. L'opinion générale, en France, et surtout
« dans l'armée, était que le général ne vou-

« lait s'attacher qu'à détruire l'armée anglaise: et
« les circonstances étaient bien favorables pour
« cela ; mais les destins en ont ordonné autre-
« ment (1).

Des considérations pénibles ne me permettent pas
d'examiner scrupuleusement cette lettre ; elles
m'eussent même empêché d'en extraire une citation,
si on pouvait faire connaître des vérités qui inté-
ressent tant de monde, en racontant les choses sans
l'appuyer sur des faits, et sans établir des compa-
raisons, puisque personne n'a été à même de tout
voir. D'ailleurs, ce que j'ai dit précédemment peut
servir de réponse à cette lettre, quant aux faits ;
je me bornerai donc à quelques réflexions sur les
possibilités qu'elle suppose.

En admettant que le projet de mouvement sur
Gennapes, qu'elle indique, eût dû produire un bon
résultat, ce n'était point le plan du général en chef;
et son plan fût-il mauvais, il valait encore mieux

---

(1) Si le général français, dont la base d'opérations était toute
la frontière de France, du côté de la Belgique, se fût déterminé
à choisir l'Escaut, de préférence à la Sambre, pour y porter sa ligne
d'opérations, et qu'il eût marché sur Mons, au lieu de déboucher
par Charleroi, il aurait pu alors commencer ses mouvemens contre
les Anglais et tomber ensuite sur la droite des Prussiens; mais
tout cela entraînerait encore d'autres suppositions.

l'adopter que d'en créer un second à part et sans son aveu, ce qui tendait nécessairement à détruire l'ensemble de ses combinaisons.

D'abord, l'occasion de livrer bataille aux Prussiens s'est présentée d'elle-même, puisqu'ils furent les premiers que nous ayons rencontrés sur notre chemin, et qu'à la guerre on doit saisir toutes les occasions et chercher à en profiter; et puis, est-il concevable qu'avec une armée de cent et quelques mille hommes, on puisse faire une marche de flanc à une lieue d'une armée ennemie, au moins d'égale force, pour se porter à quatre ou cinq lieues en arrière, sur une seconde armée ennemie qui n'était pas encore rassemblée, en faisant observer la première, réunie sur une route qui conduisait sur le flanc des colonnes françaises? L'armée qui était en marche sur les Quatre-Bras pouvait se retirer par toutes les directions qu'elle suivait pour se réunir, sans qu'il nous fût possible de faire des détachemens pour la poursuivre; et, en restant en masse, les Prussiens, formés sur une grande route, nous auraient fait perdre l'avantage de l'initiative des mouvemens qu'ils pouvaient saisir à leur tour, pour se porter sur les derrières ou sur un flanc de notre armée. Ce mouvement sur les Anglais n'aurait pu se faire que dans le cas où les Prussiens auraient été à cinq ou six lieues de nous, pour la sûreté de notre ligne d'opérations, afin de pas devoir changer celle de retraite, en abandonnant notre première communication ; il fallait enfin que les Prussiens fussent plus éloignés de nous que les Anglais : il existait le contraire.

Un général fait très-bien de courir sur une armée ennemie dispersée ou qui n'est pas encore réunie, lorsqu'il n'en rencontre pas une autre sur la route qui lui offre la bataille qu'il doit accepter, surtout lorsqu'il est lui-même en mesure de la donner.

On concevra facilement pourquoi le premier corps d'infanterie a été paralisé le 16, et s'est promené deux fois l'arme au bras, de la gauche à la droite et, en dernier lieu, de la droite à la gauche, sans tirer un coup de fusil. Ce n'était certainement pas l'intention du général en chef, puisqu'il entrait dans son plan de le faire agir sur un des points décisifs de la bataille.

En supposant des fautes de tactique à l'aîle gauche, elles ne pouvaient pas entraîner la perte des mouvemens stratégiques de la bataille principale, puisque ces fautes auraient eu lieu sur un point qui en était trop éloigné; mais elles ne pouvaient non plus, pour la même raison de l'éloignement, être réparées que par le bon emploi des troupes qui se trouvaient là, et par le parti qu'il fallait savoir tirer du terrain. Ces fautes provenant, sans doute, de mouvemens trop précipités, sans s'inquiéter de ce qui devait se passer à droite, et avant d'avoir reçu des ordres successifs exigés par toutes les dispositions des forces de l'ennemi, elles ne devaient point être rachetées aux dépens des combinaisons du général, en détournant les troupes des lignes stratégiques déterminées, qui sont des distances à parcourir hors du rayon visuel de l'ennemi, par rapport à la ligne de manœuvres de l'armée, pour s'emparer de points qui donnent de la supériorité sur cet ennemi, en portant une masse de forces sur un de ses flancs, ou sur une autre partie faible de sa ligne, tandis qu'on l'occupe ailleurs. On faisait de bien plus grandes fautes encore que celles qu'on voulait réparer, en arrêtant ces mouvemens décisifs : toutes les manœuvres, au contraire, devaient être subordonnées à ces lignes, se modifier selon leurs directions, avoir pour but de les couvrir et de les protéger : car la tactique n'étant que la méthode d'ordonner, de conduire et d'engager les troupes au combat, n'obtiendrait souvent aucun bon résultat, si elle n'était soumise à la stratégie, qui est l'art de les diriger sur les points avantageux et décisifs d'un champ de bataille, qu'on appelle points stratégiques.

Je crois donc pouvoir dire qu'un échec, même

éprouvé à gauche, ne devait pas empêcher le premier corps d'arriver sur le village de Bry, puisque le général en avait donné l'ordre et qu'alors ce mouvement entrait dans le plan de la bataille principale; il convenait beaucoup mieux que les troupes de gauche se retirassent sur le premier corps: cela ne nuisait à rien; nous avons vu d'ailleurs qu'il n'était point en mesure de porter de prompts secours aux Quatre-Bras.

Les fautes commises le 16 pouvaient être rachetées le 18, si l'aîle droite eût bien secondé le général dans ses mouvemens des 17 et 18; si celui-ci eût reçu des rapports exacts et aussi prompts que cela pouvait se faire: car il a dû croire que l'armée prussienne s'était retirée sur Namur, ou sur Wavre. A-t-il fait une faute, comme quelques militaires le prétendent, en détachant un corps pour la suivre par la rive droite de la Dyle, tandis qu'il marchait sur la rive gauche? L'armée ennemie n'était pas détruite; un de ses corps n'avait pas combattu. La rivière dont nous suivions le cours est couverte de ponts de pierres: il y en a un à Moustier, un à Lincelette, un à Limale, un à Wavre; et l'infanterie peut encore passer au moulin de Bierge et autres. Ces trois premiers ponts se trouvent dans l'espace d'une forte lieue, et le plus éloigné n'est qu'à deux lieues de Wavre.

L'auteur des *Considérations sur l'art de la guerre*, faisant connaître les mouvemens du 17, dit : « Nous
« nous mettons en marche sur deux colonnes ; la co-
« lonne principale, après avoir rallié les troupes qui
« s'étaient battues la veille aux Quatre-Bras, suit
« la route de Bruxelles, et trouve, à l'entrée de
« la nuit, l'armée anglaise en position au village
« du Mont-Saint-Jean. Notre colonne de droite,
« forte de trente-mille hommes, chargée de suivre
« les mouvemens des Prussiens, incertaine de leur
« direction (1), s'arrête à Gembloux, non loin
« du champ de bataille de la veille.

La colonne droite était composée des troisième et quatrième corps d'infanterie ; de la division du général *Teste*, détachée du sixième corps ; de six régimens de cavalerie légère du général *Pajol* ; d'un corps de huit régimens de dragons, sous les ordres du général *Excelmans* ; de la division du lieutenant-général *Maurin*, formée d'un régiment de hussards, un de chasseurs et deux de dragons. Cette colonne, qui avait une nombreuse artillerie, était forte

---

(1) Le 17, à neuf heures du matin, les rapports d'avant-gardes de la colonne de droite avaient indiqué la direction des Prussiens ; à midi, on en avait la certitude, et tous les renseignemens, pris et donnés jusqu'à la nuit, ont été la confirmation des premiers.

de trente-cinq mille hommes. Elle s'arrêta effectivement à Gembloux, à deux lieues de Sombref; et toutes les troupes qui la composaient, formaient l'aîle droite et une partie du centre de la bataille de le veille; la division *Teste* était arrivée, à huit heures du soir, sur le plateau en face de Sombref, où elle avait bivouaqué.

Dès le matin, la cavalerie légère du général *Pajol* s'étant portée sur la route de Namur, prit dix pièces de canon et beaucoup de bagages à l'ennemi, après avoir sabré et dispersé des hussards qui les escortaient. Je commandais une brigade de dragons du corps d'*Excelmans*; je fus envoyé comme tête de colonne derrière la cavalerie légère, pour la soutenir en cas de besoin; je ne dépassai pas Barrière, village sur la route près de l'Orneau qui coule de Gembloux; et j'appris là, par les habitans, qu'un gros de cavalerie ennemie avait suivi, en désordre, cette route, la nuit, avec des voitures, mais que *l'armée prussienne se retirait par Wavre, et qu'il y avait encore beaucoup de monde à Gembloux*. J'en rendis compte, et je reçus l'ordre de me porter de suite sur Gembloux. J'étais devant cette ville, avec ma brigade, à neuf heures du matin, où, accompagné de généraux instruits, nous vîmes un corps prussien, que nous jugeâmes être de plus de vingt-mille hommes, bivouaqué en arrière, tenant une ligne de vedettes en avant d'eux, sur l'Orneau. C'était évidemment l'arrière-garde chargée de protéger la retraite des colonnes qui devaient être dans ce désordre que cause toujours un mouvement forcé et commencé pendant la nuit, à la suite d'une bataille perdue; c'était enfin le corps de *Bulow* qui était arrivé très-tard dans cette position, et qui s'y était établi. Les restes des deux premiers corps prussiens s'étaient retirés par Mont-Saint-Guibert, et le troisième par Walhain.

On avait envoyé la division d'infanterie du général *Teste* pour appuyer le général *Pajol* sur la route de Namur; elle prit d'abord position sur les hauteurs de Masy; elle suivit ensuite la marche de la cavalerie légère, jusqu'à Saint-Denis. Ce corps se trouva sur le flanc gauche des Prussiens qui étaient à Gembloux; ceux-ci firent tranquillement leur retraite entre deux et trois heures après-midi, par Sart-à-Walhain et Tourrines, dans la direction de Wavre, en éclairant les bois de Bus et de Malèves.

La division de dragons du général *Chastel* traversa Gembloux, une heure après le départ de *Bulow*; elle reçut ordre de s'arrêter au moulin à vent, à une petite lieue au-delà de la ville, où elle resta jusqu'à la nuit. On fit cantonner les huit régimens de dragons dans les villages et fermes en avant et à droite de Gembloux, à l'exception pourtant de la première brigade de la division *Chastel*, commandée par le maréchal-de-camp *Bonnemain*, qu'on envoya à Walhain, vers la chûte du jour ; ce général fit connaître, par de doubles rapports, la marche des Prussiens sur Wavre. Le 15.me régiment de dragons, commandé par le colonel *Chaillot*, fut envoyé en même tems à Perwez-le-Marché ; cet officier, qui entend bien la guerre, apprit positivement encore, par les paysans et par des prisonniers qu'il fit, que les colonnes prussiennes et les hommes dispersés étaient dirigés à Wavre, et il en rendit compte sur-le-champ.

Les troisième et quatrième corps d'infanterie restèrent à Gembloux ; la division *Teste*, avec la cavalerie du général *Pajol*, revinrent, par Bossières, s'établir à Masy ; la division *Maurin* resta près de Gembloux sur la rive droite de l'Orneau ; le quartier-général demeura dans cette ville.

La colonne principale marchait à grands pas par la route de Bruxelles sur les traces d'une armée dont une petite partie avait combattu la veille ; elle fut ce jour-là établir son quartier-général à la ferme de Caillou près Planchenoit. Depuis les Quatre-Bras, la division *Domon* avait été détachée pour éclairer la rive gauche de la Dyle et pour reconnaître le pays entre cette rivière et la route de Bruxelles ; le 4.me régiment de chasseurs poussa jusqu'au pont de Moustier ; ses tirailleurs échangèrent, à cette hauteur, quelques coups de carabines avec des cavaliers Prussiens, qui ne parurent pas vouloir s'engager ; le régiment se retira, la nuit, sur la division bivouaquée à droite du quartier-général.

Il n'y avait pas difficulté, pour l'aile-droite, d'aller, le 17, s'établir à Walhain, puisqu'une brigade de cavalerie a pu le faire. Cette colonne avait été détachée pour suivre une armée battue : nous avons dit qu'elle était composée de troupes qui formaient la droite et une partie du centre de l'armée victorieuse la veille ; elle avait peu de marches à faire ; elle était assez nombreuse, et bien disposée pour attaquer vivement un ennemi en retraite et le précipiter sur Wavre où il aurait trouvé son *Pont-d'or* : Les colonnes ennemies étaient désunies et éparses ; ses masses démolies par le canon du 16, enfoncées, le même soir, par les cuirassiers français, avaient laissé échapper une infinité de fuyards dont les bois et les villages des deux rives de la Dyle étaient remplis et que la cavalerie prussienne ramassait et dirigeait sur Wavre. Les flanqueurs du corps des dragons de l'aile droite en trouvèrent encore beaucoup dans la marche tardive du 18, vers la route de Louvain à Namur ; ils ramenèrent des détachemens, l'un ayant un officier à sa tête. Il arriva une foule de ces fuyards à Namur, à Liège, et je pourrais peut-être dire à Anvers, même après les avantages du 18.

Tous ceux qui connaissent les premiers principes de la guerre, savent combien il est important de poursuivre sans relâche une armée battue, encore épouvantée de sa défaite, qui a perdu son ensemble et dont la combinaison centrale a cessé d'être en harmonie avec la force qui consiste dans la réunion de toutes les parties, et qui n'ont plus de rapports immédiats entr'elles; ceux-là, dis-je, demanderont pourquoi, lorsque, le 17, à neuf heures du matin, on eut reconnu un corps prussien à Gembloux, le quatrième corps d'infanterie, qui était resté en position à Ligny, n'a-t-il pas été mis de suite en mouvement pour marcher avec les huit régimens de dragons *d'Excelmans*, et attaquer le corps prussien, tandis que celui du général *Van Damme*, avec la division de cavalerie du général *Maurin*, s'échelonnant sur le quatrième et manœuvrant par la gauche, se serait porté sur Walhain; quand surtout le général *Pajol* était à Saint-Denis avec une division d'infanterie, six régimens de cavalerie légère et vingt pièces de canon? Ce général, qui fait bien la guerre, qui sait inspirer une grande confiance à ses troupes, se trouvait dans une situation heureuse pour opérer sur le flanc gauche de *Bulow*, ayant avec lui un point d'appui pour manœuvrer sur la même ligne d'opération de l'aile droite, par le secours de son infanterie, qui était aussi commandée par un bon général. *Pajol* eût certainement mis *Bulow* dans un grand embarras, si le commandant de la colonne de droite eût ordonné une attaque que notre marche rendait oblique. Comment ce général prussien aurait-il pu arriver au pont de Wavre, poursuivi et pressé sur ses deux flancs, puisqu'on pouvait encore lui jeter douze régimens de cavalerie sur la droite? Toutes nos troupes étaient sous la main, et les autres corps affaiblis des Prussiens étaient déjà éloignés et ne cherchaient point à perdre de tems.

La poursuite d'une petite colonne ennemie, dispersée et jetée sur la route de Namur, semblait avoir porté exprès un corps français, dans la matinée du 17, à Saint-Denis; quel parti on pouvait tirer de cette marche! elle ne servit qu'à déterminer plutôt la retraite de *Bulow*, qu'on avait observé, dans sa position, pendant cinq à six heures, sans brûler une amorce avec ses avant-postes. On ne l'a pas même suivi dans sa retraite, lorsqu'il lui a plu de la faire, et le bruit seul du canon, ce jour-là, aurait empêché l'armée prussienne de recueillir dix mille hommes qui se sont retrouvés le lendemain dans ses rangs.

Si cette colonne de droite eût marché, le 17, avec cette vigueur qui convenait à sa force et à sa situation; si elle se fût seulement avancée jusqu'à la hauteur du pont de Moustier, que l'ennemi aurait dû détruire, le prince *Blucher*, battu la veille, aurait jugé qu'il avait derrière lui un corps nombreux: et comme dans ses rapports il prétend avoir été attaqué, le 16, par cent-trente mille combattans, il aurait cru être suivi, le 17, par cinquante mille hommes; il eût réfléchi à quel danger il s'exposait avant de faire sa marche de flanc sur Waterloo: le général anglais eût peut-être appris trop tard qu'il ne pouvait recevoir les secours qui lui étaient promis.

Dans la matinée du 17, l'armée prussienne eut de la peine à réunir trente mille hommes de ses trois premiers corps qui comptaient quatre-vingt-dix mille, le 16, au matin; elle en avait tout au plus quarante-mille, le 18. Son quatrième corps qui ne prit aucune part à l'affaire, comme nous l'avons vu, était resté intact. Cette armée, telle qu'elle était alors, a pu seulement se rassembler à Wavre, laissant une arrière-garde à la Barraque, afin de couvrir les points par lesquels il lui rentrait toujours des hommes que rassurait le calme de la journée.

Le 18, la colonne de droite se porta en avant

dans l'ordre et dans les directions suivantes: le général *Pajol*, avec l'infanterie et la cavalerie sous ses ordres, partit de Masy à cinq heures du matin, pour marcher par Saint-Denis, Grand-Lez et Tourrinnes, où il devait attendre de nouveux ordres.

Les huit régimens de dragons se sont mis en route à huit heures du matin, passant par Saint-Martin ; il ont prolongé leur marche jusqu'à la route de Namur à Louvain.

Les troisième et quatrième corps d'infanterie furent mis en mouvement entre neuf et dix heures du matin, en une seule colonne qui marchait par Walhain, sur Wavre, éclairée, vers la Dyle, par la division de cavalerie du général *Maurin* ; ce lieutenant-général ayant été blessé le 16, au soir, le maréchal-de-camp *Vallin* avait pris le commandement de sa division. Cette colonne n'était encore qu'au village de Walhain lorsqu'elle entendit les premiers coups de canon du Mont-Saint-Jean. Le lieutenant-général *Gérard*, commandant le quatrième corps, fut d'avis qu'il fallait marcher au canon par la rive gauche de la Dyle, afin d'opérer sur la même base avec l'armée principale qui était en action. Ce conseil était conforme aux bons principes de la guerre, par la seule raison qu'il aurait fait diminuer l'étendue du front de l'armée, et qu'en outre, s'il eût été suivi, il mettait l'aile droite en communication avec les troupes engagées, pour être à même de les soutenir ou d'en recevoir des secours : on trouve bien vite les moyens de se développer lorsqu'on est réuni. Cet avis était encore donné bien à propos, puisqu'on arrivait à hauteur du pont de Moustier, qu'on pouvait passer en poussant des reconnaissances sur ceux de Lincelette et de Limale : mais un autre conseil prévalut, et l'on fit l'énorme faute de se porter en masse sur le point de Wavre.

Le troisième corps d'infanterie, qui marchait en tête, rencontra une petite arrière-garde ennemie à la Barraque, village en avant des bois de Parets et de Warlombrout ; il y eut un léger engagement où l'ennemi présenta peu de résistance. On se trouvait alors en mesure de passer la Dyle par Moustier et par Lincelette, en faisant reconnaître Wavre ; le canon de gauche ne cessait de nous appeler. Quelques coups tirés à la Barraque avaient fait revenir le corps d'*Excelmans* sur Dion-le-Mont pour appuyer l'infanterie, derrière laquelle il marcha sur Wavre. Nous arrivâmes devant cette ville vers deux heures après midi, où le corps de *van Damme* essaya de s'ouvrir un passage par le pont ; celui de *Gérard* faisait la même tentative sur le moulin de Bierge. La division de cavalerie commandée par le maréchal-de-camp *Vallin* observait les ponts de Lincelette et de Limale, qui sont très-rapprochés l'un de l'autre; le corps des huit régimens de dragons resta derrière et à droite de l'infanterie du troisième corps à attendre qu'on lui eût ouvert un passage; le général *Pajol* était à Tourrinnes.

Le lieutenant-général *Gérard* insistait alors pour tourner la forte position de Wavre en passant le pont de Limale, et presqu'aussitôt il fut blessé assez dangereusement devant le Moulin de Bierge.

Le 18, continue l'auteur des *Considérations sur l'art de la guerre*, « nous employons toute la ma-
« tinée, jusqu'à midi, à développer notre armée
« et à nous préparer au combat. Nous avions
« cinquante-cinq mille combattans, non compris
« notre colonne de droite de trente mille hom-
« mes, qui, dès le matin, était partie de Gembloux
« pour suivre la marche des Prussiens sur la route
« de Wavre. Cette colonne, séparée du reste de
« l'armée par la rivière fangeuse de la Dyle, resta
« près de Wavre, à plus de trois lieues du champ
« de bataille; éloignement fatal au succès de la
« journée! Le combat s'engage à midi au Mont-
« Saint-Jean, et nous sommes privés de ce corps
« de trente mille hommes, que le général français
« semble avoir oublié loin de lui, par un aveugle-
« ment ou une présomption sans exemple; et cette

« colonne resté stupidement sur la rive droite de
« la Dyle, au lieu d'accourir vers le bruit du ca-
« non, pour prendre part à la bataille; au lieu
« du moins de marcher vivement sur les traces
« des Prussiens, qui passent la Dyle à Wavre et
« viennent renforcer l'armée anglaise. »

Nous verrons que la colonne de droite n'était point oubliée du général français, et que si elle est restée stupidement sur la rive droite de la Dyle, c'est qu'elle l'a voulu; ce n'était pas faute de ponts: elle en avait laissé trois à sa gauche pour arriver sur Wavre, que l'ennemi aurait dû détruire avant d'oser faire une marche de flanc à travers de longs défilés, s'il eût connu les forces qui le suivaient.

Je crois devoir rapporter ici un passage où M. *Giraud* dit, page 45 : « Ce qui reste certain, c'est
« que le général en chef connut le danger; qu'il
« chercha à l'écarter, et que ce ne fut point, com-
« me on l'a dit, en aveugle, sans avoir rien prévu,
« rien calculé, qu'il se jeta sur les Anglais. En
« effet, mieux instruit des manœuvres des Prus-
« siens, il dépêcha *au commandant de la colonne*
« *de droite* l'ORDRE *de les suivre le plus vivement*
« *qu'il pourrait et de déboucher sur Wavre*....
« Pour donner le tems au chef de cette colonne de
« prendre l'importante position qui lui était assi-
« gnée, le général tint lui-même, sans agir, l'armée

« en bataille. A une heure, il a dû penser que l'aile
« droite s'était mise en mesure de contenir les
« Prussiens, et il donna de son côté le signal de
« l'attaque. »

L'ordre de suivre les Prussiens le plus vivement qu'on pourrait et de déboucher sur Wavre, ne voulait pas dire de s'arrêter le 17, à Gembloux et de chercher à déboucher par Wavre, le 18 ; et c'est pourtant ce que nous avons fait. On ne trace point à l'armée, et devant l'ennemi, des feuilles de route telles qu'en donnent les commissaires des guerres à des détachemens qui rejoignent leurs corps par lieux d'étape : la marche dépend alors des événemens et des circonstances ; le général doit savoir les distinguer et les saisir. Le conseil donné par le général *Gérard* au village de Walhain en est une preuve.

Les mouvemens irrésolus de la colonne de droite dans la journée du 17, ne peuvent pas être considérés comme une marche : ce n'était qu'une grande manœuvre de masses, dans un espace de deux lieues, pour se concentrer sur Gembloux, où l'on ne fut réuni qu'assez tard, ce qui semblait préparer, pour le lendemain, un mouvement stratégique dont on voulait dérober les préparatifs à l'ennemi : mais cette lenteur doit être regardée comme une faute énorme, quand on connaît la marche rapide de la colonne principale sur la route de Charleroi à Bruxelles, et lorsque celle de droite, qui ne traînait pas de pontons à sa suite, n'a point cherché d'abord à s'assurer d'un pont sur la Dyle, qu'à la verité elle n'a point eu envie de passer: si les premières fautes, et le retard de la marche du 18, au matin, ont du tromper le prince *Blucher* sur les forces qui le suivaient, il le fut encore par les rapports de lord *Wellington* qui lui disaient: *qu'il avait toute l'armée française en tête et qu'il s'attendait à tout moment à être attaqué.*

En lisant les rapports prussiens, on voit que le 18, à huit heures du matin, le prince *Blucher* est parti de Wavre, avec ses plus grandes forces, pour se diriger vers les Anglais, en laissant son troisième corps chargé de la défense de cette ville: si cette marche de flanc ne fut pas faite sous les yeux de l'aile droite de l'armée française, c'est qu'à la même heure elle sortait à peine de ses cantonnemens de Gembloux. Le commandant de cette aile droite et le général prussien se faisaient réciproquement beau jeu: ce dernier en a profité sans le connaître, mais non sans crainte pendant sa marche. Le même jour, *vers six heures du soir, le feld-maréchal Blucher reçut la nouvelle que le général de* Thielman, (qui commandait le troisième corps prussien) *était attaqué à Wavre par un corps ennemi*

très-considérable et que déjà on se disputait la possession de la ville; mais le prince jugea très-bien qu'il ne pouvait pas retrograder, et dit: *que le succès de la journée dépendait de l'issue du combat du Mont-Saint-Jean, et que la victoire sur ce point principal devait faire oublier l'échec de Wavre.* Le général prussien avait cru et croyait encore que le troisième corps, commandé par le général *van Damme*, marchait seul sur Wavre et que toute le reste de l'armée française était réuni devant les Anglais. Une lettre de lord *Wellington* au comte *Bathurst*, datée du côteau, le 22 Juin 1815, dit également: « Le troisième corps qui, comme
« j'en ai informé V. S. dans mes dépêches du
« 19, avait été détaché pour observer l'armée
« prussienne, resta jusqu'au 20 dans les envi-
« rons de Wavre. Il fit alors sa retraite par Namur
« et Dinant. Ce corps est le seul qui soit resté en-
« tier. »

D'après ce qu'on vient de lire, il n'est personne qui ne tire des conséquences fâcheuses du peu de marche de la colonne de droite le 17; de la prudence, ou, pour mieux dire, de la timidité qu'elle a montrée pendant la même journée devant *Bulow*; de son départ tardif, le 18, des cantonnemens de Gembloux: toutes ces fautes ont dû donner une grande sécurité à l'ennemi et le fortifier dans son erreur sur le nombre des troupes qui marchaient sur ses traces : elles n'ont, sans doute, pas peu contribué à faire prendre au général prussien la détermination hardie et généreuse de marcher au secours de son allié ; mais quel immense avantage pouvait en tirer l'armée française, si aux premiers coups de canon qui se firent entendre à Walhain, le commandant des troupes sur la rive droite de la Dyle, animé de cette force d'âme, de cette fermeté de caractère, premières vertus d'un général, doué du coup-d'œil militaire que doit avoir un grand capitaine vieilli dans le métier des armes, et qui, lui faisant deviner les desseins de l'ennemi, parce qu'il en fait lui même, le porte aux entreprises audacieuses sans le secours d'un conseil, qui, pour être bon, devrait se composer d'hommes connaissant bien la guerre et n'étant point jaloux de la réputation de celui qui commande ; si ce général eût saisi l'a-propos, le secret de la victoire, en interprétant ses ordres selon la mobilité des circonstances qui peuvent tout changer ; s'il eût enfin bien conçu les dispositions du général en chef, qui étaient faciles à deviner, il se fût porté rapidement sur le pont de Moustier pour se rattacher à la ligne intérieure de l'armée, en poussant de fortes reconnaissances de cavalerie par les deux rives de la Dyle, pour protéger le passage de cette rivière ; on eût connu bien vite la marche des Prussiens; on prenait une direction concentrique, au lieu de suivre une ligne divergeante en se portant sur Wavre; et certes, le général anglais qui s'était arrêté au Mont-Saint-Jean, pour avoir compté sur le secours de ses alliés, aurait été bien déçu dans ces espérances: les colonnes prussiennes, prévenues dans leur marche, ou attaquées en flanc dans les longs défilés de Chapelle-Saint-Lambert et de Lasne, auraient eu assez de besogne pour se défendre sans vouloir porter un secours bien nécessaire au lord *Wellington*; car le feld-maréchal nous dit encore, dans son rapport : *Le désordre se mettait dans les rangs anglais. La perte avait été considérable; les réserves avaient été avancées en ligne; la position du Duc était des plus critiques. Le feu de mousqueterie continuait le long du front; l'artillerie était retirée en seconde ligne; déjà l'ennemi se croyait sûr de la victoire.*

Le commandant français de la colonne de droite n'ignorait pas la marche de l'armée principale sur la route de Charleroi à Bruxelles. A peine eut-on entendu les premiers coups de canon de la gauche, la progression en fut si rapidement croissante, qu'elle nous fit bientôt connaître qu'il y avait une grande affaire engagée de ce côté-là. Quel dessein a pu lui faire prendre la détermination d'éloigner trente-cinq mille hommes de la bataille, en les portant devant Wavre, le nez sur une rivière? On s'écartait davantage par cette marche, puisque le cours de la Dyle et la route de Bruxelles semblent former les deux côtés d'un angle dont le sommet serait vers les Quatre-Bras. On était déjà bien convaincu que l'armée prussienne ne s'était point retirée sur Namur; pouvait-on supposer alors qu'elle eût prolongé sa retraite au-delà de Wavre? ou devait-on croire qu'elle était toute entière derrière la Dyle sur ce point-là? La première supposition n'était pas vraisemblable, puisqu'on se battait à notre gauche; mais eût-elle même paru possible, il fallait faire observer Wavre et marcher au canon: la seconde supposition devait faire présumer que les Prussiens se lieraient par leur droite aux Anglais; et, dans ce dernier cas, il fallait encore passer la Dyle pour s'opposer du moins à ce que cette armée ennemie ne prît aucune part à l'action de gauche, dont le canon nous annonçait sans cesse toute l'importance.

Au lieu de cela, nous avons tous marché sur Wavre, sans même avoir reconnu le pont de Moustier; nous sommes restés une partie de la journée à lancer des boulets du bas en haut contre une position formidable au-delà d'une rivière que, partout ailleurs, nous eussions déjà passée sans brûler une amorce; mais on a dirigé des attaques successives d'infanterie sur le pont de Wavre et sur le moulin de Bierge, où l'on perdit du monde inutilement; sur les deux seuls points que l'ennemi pouvait défendre avec avantage. Les quatre cinquièmes de notre infanterie ne pouvaient pas être engagés devant Wavre, et dix-huit régimens de cavalerie étaient à ne rien faire, et en partie jetés en arrière et à droite, où il n'y avait personne: car, indépendamment du corps de *Pajol*, qui était à Tourrinnes, je reçus l'ordre d'envoyer un régiment de ma brigade (le 17.$^{me}$ de dragons, colonel *la Biffe*) en reconnaissance vers la route de Louvain à Namur; et le moyen de bien assurer la droite et les derrières de ce corps eût été le passage de la Dyle.

Pendant que nous perdions un tems précieux devant Wavre et que nous nous occupions si mal à propos de notre droite, le général français, informé de ce que nous aurions dû connaître mieux que lui, avait fait parvenir des ordres par des détours, à travers un pays couvert et libre, où nous n'avions pas voulu pénétrer. La lettre du commandant de la colonne de droite, datée de Dinant, le 20 Juin 1815, qui en est l'accusé de réception, est en même tems la critique de nos fausses manœuvres: il est dit dans cette lettre: « Ce n'est

« qu'après sept heures du soir, le 18 juin,
« que j'ai reçu la lettre du Duc *de Dalmatie*,
« qui me prescrivait de marcher sur Saint-Lam-
« bert et d'attaquer le général *Bulow*..... Dans
« cet état de choses, impatient de pouvoir dé-
« boucher sur le mont S<sup>t</sup> Lambert et coopérer au
« succès *de nos armes* dans cette journée si im-
« portante, je dirigeai sur Limale la cavalerie de
« *Pajol*, la division *Teste*, et deux des divisions
« du général *Gérard*, afin de forcer le passage de
« la Dyle, et de marcher contre le général *Bulow*.
« Mon mouvement sur Limale prit du tems en
« raison de la distance (1); cependant j'arrivai,
« j'effectuai le passage, et les hauteurs furent en-
« levées par la division *Vichery* et la cavalerie. La
« nuit ne permit pas d'aller loin, et je n'entendais
« plus le canon du côté où vous vous battiez. »

La division de cavalerie commandée par le général *Vallin* passa d'abord le pont de Limale, vers six heures du soir, sans éprouver de résistance; elle fut suivie, une heure après, par la division *Vichery* et ensuite de tout le quatrième corps.

A quatre heures après midi, on envoya des ordres au général *Pajol* à Tourrinnes; il n'arriva à

---

(1) En marchant sur Wavre, nous avons passé à une demi-lieue des ponts de Limelette et de Limale.

Limale que vers huit heures avec sa cavalerie; la division *Teste*, qui suivait d'assez près, se porta par le même pont sur les hauteurs de droite, pour appuyer l'attaque du village de Rosieren, qui fut enlevé à l'ennemi entre neuf et dix heures du soir, ce qui nous rendit maîtres de la route de Wavre à Bruxelles.

Le corps de *van Damme* était toujours devant Wavre et avait porté une de ses divisions vis-à-vis le moulin de Bierge. Le quartier-général fut établi à Limale.

Le 19, à trois heures du matin, le général *de Thielmann*, voulant rétablir sa communication avec Bruxelles, attaqua les troupes françaises sur Rosieren et Bierge; le peu de forces qu'il pouvait y employer furent facilement repoussées, *van Damme* faisant alors passer une de ses divisions par le moulin de Bierge, que l'ennemi avait dû dégarnir pour se porter en arrière. Ce fut ce même jour, sur les hauteurs de Bierge, que le général *Penne*, qui commandait une brigade de la division *Teste*, trouva une mort glorieuse: il emporta les regrets de tous les braves, parmi lesquels il occupait une place distinguée.

Le corps de dragons venait aussi de passer le pont de Limale, lorsque, vers les neuf heures du matin, l'arrivée d'un aide-de-camp du général

*Gressot* vint nous apprendre les malheurs de la gauche. On voulut en vain en cacher la cause ; chacun connut dès-lors les fautes de l'aile droite et en gémit. On ne pouvait plus les réparer: il fallut songer à la retraite ; elle n'était pas à comparer à celle des dix-mille après la bataille de Cunaxa. Nous n'étions pas éloignés de nos frontières, et nous n'avions à parcourir qu'une contrée d'amis : l'accueil généreux de la ville de Namur ne sera jamais oublié par ceux qui en furent les témoins : cette ville naguères française, reçut et traita nos blessés comme ses enfants; nous ne saurions trop le répéter à toute la France, Namur a bien mérité de notre patrie! Quelques transfuges échappés de nos rangs arrivèrent dans cette ville, la veille de la bataille de Fleurus; ils y furent honnis !

Sept régimens de dragons du corps *d'Excelmans*, avec les blessés et l'artillerie de réserve, se portèrent rapidement sur Namur pour s'assurer du *Pont-de-Sambre* ; les premiers entrèrent dans cette ville, le même jour, à quatre heures du soir. L'infanterie est restée en position devant Wavre, jusqu'à minuit, appuyée et éclairée, à sa droite, par le corps de cavalerie du général *Pajol*; à sa gauche, par la division aux ordres du général *Vallin*; le 20.$^{me}$ régiment de dragons du corps *d'Excelmans* marchait avec les colonnes du centre. Cette infanterie arriva à Namur le 20, dans la matinée, après avoir livré plusieurs combats très-sanglants aux Prussiens, qui la suivaient avec ardeur, et dans lesquels le 20.$^{me}$ de dragons, commandé par le colonel *Briqueville*, fit quelques belles charges et reprit deux pièces de canon qui avaient été un moment abandonnées au pouvoir de l'ennemi, auquel il enleva en outre un obusier.

La division *Teste* resta chargée de la défense de la ville, ce qu'elle fit, sans canon, jusqu'à six heures du soir, contre le troisième corps Prussien, qui y perdit vainement près de trois mille hommes. *Teste* ne quitta Namur que lorsque tout fut évacué et que les hauteurs de Bouvigne et de Dinant étaient déjà occupées par nos troupes. L'ennemi ne nous fit plus suivre en deçà de Namur, que par quelques éclaireurs. Le quartier-général s'était porté à Dinant.

Je me sens entraîné à faire ici quelques réflexions sur les résultats des fausses manœuvres de notre aile droite et sur les conséquences de sa position, prise contre toutes les règles de la tactique et de la stratégie, dans l'après-midi du 18 Juin, et qui a fait errer le général en chef dans un plan d'attaque, calculé sur les mouvemens présumables de plus de trente mille hommes, sur lesquels il devait compter. Qu'a-t-il dû penser, en effet, lorsqu'à huit heures du soir, les Prussiens arrivèrent en force sur le flanc droit de son armée? Devait-il croire qu'une colonne française se serait séparée de lui pour se porter à quatre lieues de l'armée, sans y être contrainte par aucun mouvement de l'ennemi; et qu'elle se serait placée de manière à ne pouvoir ni porter, ni recevoir des secours, mais à être obligée à faire une retraite excentrique au moindre échec? Car en supposant encore que les Prussiens n'eussent pas marché vers les Anglais, le corps de droite les plaçait en ligne défensive sur cette autre armée, tandis qu'il formait une ligne d'opérations extérieure; hors des points par où il devait communiquer, et assez éloigné, par sa position, du reste de l'armée, pour que les Prussiens devenant alors maîtres de leurs mouvemens, pussent en prendre l'initiative pour isoler ce corps français, et lui livrer sans inquiétude une double bataille, en s'avançant sur les ponts de Limale et de Limelette. Une armée qui se divise pour courir en même tems deux chances séparées sur deux champs de bataille, sans rapports entr'eux, mais qui laissent toutes les communications à ses ennemis, perd la moitié de sa force avec l'unité d'action, s'expose à faire écraser l'une des deux parties, si l'ennemi manœuvre habilement : et c'etait le cas dans lequel nous nous placions à l'aile droite.

Si le général français eût connu la position de cette aile droite, rien ne l'empêchait, dans la nuit du 18, de venir, avec un peloton de cavalerie, la rejoindre par le pont de Moustier : et, à la tête de trente mille hommes frais et bien disposés, que ne pouvait-il entreprendre contre des ennemis bien plus étonnés de leur bonheur que certains de la victoire ! Si avec vingt mille hommes bien déterminés, il était venu fondre sur les derrières de ses ennemis, peu réunis alors, occupés à poursuivre avec abandon, parcequ'ils ne trouvaient plus d'obstacles, que d'espérances n'aurait-il pas rendues à la patrie désolée !... Mais l'aile droite de l'armée française étant livrée à elle-même le 19, au matin, et privée de toute espèce de renseignemens ; ayant, par ses propres fautes, détruit toutes les combinaisons qui donnent de la force aux armées, elle s'était mise dans la dure nécessité de faire, le mieux possible, une retraite excentrique sur les premières places frontières de la France, ce dont elle s'est bien acquittée.

Si le général français eût osé croire encore que son aile droite, dont il n'avait aucune nouvelle, arriverait intacte le 21 Juin à Givet, il serait venu en prendre le commandement; et, connaissant tout le mal qu'il avait fait à l'ennemi, au lieu de détourner, comme on l'a fait, son infanterie par Rheims, il eût accouru reprendre en masse la ligne d'opérations à Laôn ; là, il aurait pu réunir beaucoup de monde ; il aurait donné à son armée le tems de se reconnaître, et à la France celui de réfléchir. La capitale n'aurait pas été étourdie par l'arrivée subite des troupes étrangères, et la désastreuse capitulation de Paris n'aurait point eu lieu. L'armée française avait encore les moyens de marcher de nouveau sur Bruxelles, et l'ennemi aurait été réduit à une retraite bien difficile, pour sortir de France.

De misérables avanturiers, qui se disent Français, avaient cru rendre service à nos ennemis en leur livrant le pont le Pecq; ils avaient assuré la destruction du reste de l'armée prussienne et celle de son alliée, si quelques hommes, qui croyaient gouverner la France, n'eussent point enchaîné le courage d'une armée, outragée d'être trahie et vendue aux intérêts de quelques coupables, qui voulaient se racheter aux dépens de l'honneur de leur pays: l'armée française n'avait trempé dans aucun complot; elle était nationale comme elle l'est aujourd'hui; elle était sensible à la gloire!.....

elle s'est laissé sacrifier, parcequ'elle l'a cru nécessaire au bien de sa patrie : elle avait plus d'une fois prouvé qu'elle pouvait mourir pour elle.

L'emploi prématuré de la cavalerie française à la bataille de Waterloo, qu'on regarde avec raison comme une grande faute, a paru s'être fait successivement, à la suite d'une charge de celle des Anglais, et non par un ordre du général. On aurait pu la retirer au lieu de faire appuyer une entreprise aussi courageuse, mais qui devint funeste, quoique ses charges eussent ébranlé et même enfoncé plusieurs carrés ennemis. On a, il est vrai, trop souvent abusé de la promptitude des mouvemens de cette arme, et fatigué les chevaux avant la fin de la bataille, où ils deviennent si nécessaires, quelle qu'en soit l'issue.

On peut avec certitude se résumer à dire que l'armée française devant Waterloo, telle qu'elle était le 18, aurait vaincu les Anglais, si les Prussiens ne fussent arrivés à leur secours, par une marche hazardeuse, entreprise sans assez connaître ce qui se passait; marche dont le chef de cette armée nous a donné depuis un exemple sous Paris, mais avec plus de sécurité. Ce mouvement du 18, qui devait faire éprouver les plus grandes pertes aux restes de l'armée prussienne, si la colonne française de droite eût opéré militairement et avec la hardiesse qui convenait à sa force, a changé la scène de Waterloo qui devait être le tombeau de l'armée anglaise. C'est avec raison que le feld-maréchal *Blucher* désirait que cette bataille portât le nom de la *Belle-Alliance* (1), puisque ce fut tout près de là que s'est prononcé le mouvement des Prussiens, qui a seul déterminé la victoire; mais le général anglais a jugé à propos de la baptiser du nom de *Waterloo*. Les français, à qui la victoire fut infidèle, après avoir donné des noms à cent batailles, avaient désigné cette dernière sous celui du Mont-Saint-Jean.

L'armée anglaise qui se trouvait dans l'impossibilité de ramener un canon de la bataille, ni de faire une retraite de colonnes par des routes encombrées, eût été détruite avant l'arrivée des Prussiens, si le général français n'eût pas attendu en vain et aussi longtems la coöpération de son corps de droite. Et il a été obligé de se priver, à la fin de la journée, de quinze à vingt mille hommes qu'il employa contre les Prussiens (2), tandis que trente-cinq mille restaient inutiles devant Wavre. Les rapports ennemis faits alors n'ont pas dissimulé qu'il existât ce jour-là un désordre affreux der-

---

(1) Rapport prussien, signé: Le général *Gneisenau*.

(2) Il y envoya le 6.ᵐᵉ corps, la jeune garde, une partie de sa cavalerie légère, avec l'artillerie de réserve.

rière l'armée anglaise. Effectivement, entre Waterloo et Bruxelles, l'artillerie et les caissons étaient culbutés et les bagages étaient abandonnés par les domestiques et les cantiniers pour se sauver ; des chevaux et estropiés encombraient les routes, sur lesquelles les fuyards se battaient pour se frayer un passage. A la fin il était impossible à un homme à cheval de traverser la forêt de *Soignes* sur la grande chaussée qui conduit à Bruxelles. Des prisonniers français en ont été témoins et les habitans du pays le certifient à qui veut l'entendre, comme ils me l'ont dit depuis, à moi-même, sur les lieux. Les blessés qu'on ne pouvait plus transporter remplissaient cette forêt, qui cachait aussi bien des gens épouvantés. Le tumulte s'était prolongé jusqu'à Anvers, et s'étendait déjà vers la Hollande ; les routes qui y conduisent étaient couvertes de voitures et d'une foule si grande qui se sauvait à pied et à cheval, qu'il ne suffisait pas, dans la nuit suivante, d'offrir beaucoup d'argent pour entrer dans une maison, et pour y coucher surtout. Des officiers anglais blessés qui arrivèrent à Anvers, avec des femmes de généraux, ont annoncé que tout était perdu ; et un convoi d'artillerie, qui fut envoyé, par ordre supérieur, sur cette ville, est la preuve que d'autres le croyaient également. L'émigration de Bruxelles avait été si forte et si précipitée, que pour cent guinées on ne pouvait plus obtenir deux chevaux pour aller à Anvers.

Une des relations du témoin oculaire nous fait connaître, entr'autres détails minutieux, que le 19 à trois heures du matin, lady *Fitz-Roy Sommerset* reçut à Anvers la nouvelle du gain de la bataille, apportée par un exprès venu de Waterloo, ce qui causa un étonnement général, et fit renaître la joie et le courage parmi bien des personnes désolées, qui sont accourues à Paris, à la suite des bagages du vainqueur pour jouir du triomphe et insulter au malheur.

Je citerai encore, pour preuve de la situation désespérée dans laquelle se trouvait l'armée anglaise, les paroles du *noble Lord*, qui a modestement avoué qu'il n'avait jamais été aussi près de sa perte. A la vérité, si *sa Seigneurie* gagnait encore deux batailles comme celle de Waterloo, les trois États unis auraient de la peine à recruter seuls ses armées. Les pertes en hommes des deux armées alliées furent doubles de celle de l'armée française, et ce sont les Prussiens qui ont perdu le plus (1).

---

(1) Dans les premiers rapports envoyés à Londres, on avoue 831 généraux et officiers de tous grades, tués ou blessés, non compris les Belges et les Hollandais. Une histoire de cette campagne, intitulée *la Guerre de l'Europe coalisée contre la France*

Quelques personnages s'étaient plu seulement à exagérer la perte des Français et à l'apprécir à leur manière; mais le ministère anglais, à qui on n'a pu dissimuler l'étendue des siennes, a eu soin de distraire les habitans de Londres par une exposition pompeuse, dans la rue S.t James, *d'objets curieux trouvés sur le champ de bataille;* savoir:

« Grand nombre d'armes, de cuirasses, d'ordres, de décorations, de boulets, etc.

« L'épée que *Buonaparte* portait dans l'action.

« Le bâton du maréchal *Ney*.

« Le baudrier brodé dans un goût exquis, et appartenant à la dignité de grand-maréchal.

« Le magnifique baudrier donné au maréchal *Bertrand* par *Napoléon*.

« La garde-robe de *Napoléon*, capturée par les

---

*in* 1815, par le lieutenant-colonel prussien de *Plotho*, porte la perte de l'armée anglaise, avec ses auxiliaires, à 19,476 hommes, et celle des Prussiens, à 33,120 hommes, en tout 52,596 hommes. On doit bien penser que ces calculs ne sont point exagérés: le nombre de 831 officiers anglais et hanovriens, tués ou blessés, en supposant une proportion de 25 soldats pour un officier, porterait la perte de ces deux-là seulement, à 20,775 hommes. Tout ce qui est blessé est perte pour le lendemain de la bataille; les estropiés ou amputés ne reparaissent plus dans les rangs; et en outre, beaucoup d'hommes comptés parmi les blessés n'existent plus vingt-quatre heures ou quelques jours après.

Prussiens, consistant en superbes habits de cérémonie, parfaitement brodés; épées de grande parure, etc.

« La totalité de son costume au Champ-de-mai.

« La garde-robe de l'impératrice *Marie-Louise*, contenant des vêtemens d'une splendeur et d'une magnificence extraordinaires.

« Des baudriers, des sabres, etc. des manufactures turques, présentés à *Buonaparte* quand il était en Égypte, par les Beys, etc. etc. (*Scott*, BATTLE OF WATERLOO; imprimée et publiée à Londres, en Septembre 1815.)

Cette *parade* n'a pas besoin de commentaire; mais le bon sens voulait qu'on n'imprimât pas des mensonges aussi grossiers: d'après les rapports des généraux ennemis, les seules troupes de *Blucher* ont poursuivi les Français, parce que les Anglais étaient trop fatigués et n'avaient pas eu le tems *de manger depuis le matin*. Les hussards prussiens sont ceux qui ont dû prendre *ces objets précieux*, à l'exception, bien entendu, des boulets et des cuirasses; comment se fait-il donc qu'ils ont plutôt été exposés dans la rue Saint-James à Londres, que dans la *Friederich-Strasse* à Berlin (1)? C'est

---

(1) *Rue de Frédéric;* elle traverse la ville de Berlin d'une extrémité à l'autre.

pourtant dans de telles rapsodies que l'éditeur, qui a recueilli la relation fallacieuse du témoin oculaire ou du pseudonyme, a été chercher (page 50) *un complément très-nécessaire*, et, ajoute-t-il, *nous osons croire que désormais notre collection servira de base à l'histoire de cette campagne mémorable*. C'est ainsi que cet éditeur a composé un volume in 8.º de 297 pages, dont la 4.ᵐᵉ édition se vend encore aujourd'hui cinq francs et se trouve classée sur un catalogue de livres militaires, page 46.

Il me reste à indiquer un dernier rapport qui nous fait bien connaître la détresse de l'armée anglaise le 18, persuadé que l'on ne s'inscrira pas en faux contre le témoignage d'un des plus zélés admirateurs du duc de *Wellington*; qu'il dit : *avoir vu répandre des larmes de douleur*. L'auteur de ce rapport paraît s'être rendu très-utile, quoiqu'il n'ait pas été blessé légèrement, ou n'ait point reçu de contusion, comme MM. les généraux *Vincent* et *Pozzo-di-Borgo* (1), desquels je n'ai cependant pas vu de rapport. Mais j'ai lu celui du général *Alava* (2), qui partagea tous les dangers de sa

---

(1) Rapport de *Wellington* au comte *Bathurst*.
(2) Lisez le supplément à la gazette de Madrid, du 13 Juillet 1815,

*grâce*, lui deuxième au moins de sa nation, puisqu'il conclut par recommander à la bienveillance de son souverain, le *capitaine N. de Miniussir*, du régiment des tirailleurs de *Doyle*, qui, dit-il, *se comporta avec une grande vaillance pendant l'action, et qui fut blessé en ralliant les troupes de Nassau dans le jardin et en les faisant retourner à leur poste.*

M. le général espagnol a vu, je pense, pour la première fois, des troupes prussiennes se présenter aux boulets; il les a admirées, et il a reconnu que *l'armée du prince Blücher attaquait la droite de l'ennemi avec son impétuosité accoutumée.* Il place la déroute de l'armée française, dans cette journée, au-dessus de celle de *Vitoria*. M. le général *Alava* aurait-il oublié les déroutes espagnolles d'*Espinosa*, de *Sommo-Sierra*, d'*Uclés*, d'*Almonacid*, d'*Ocagna*, de *Ciudad-réal*, de *Medelin*, d'*Alba-de-Tormes*, de *la Guerora* etc. etc. quoiqu'il eût probablement figuré dans quelques-unes?

Je me suis borné à dire ce qu'on ne pouvait pas omettre pour l'honneur de l'armée et la gloire du nom français, sans vouloir porter préjudice à la réputation militaire des autres nations. Le tems permettra à l'histoire de faire connaître toute la vérité. Il fallait répondre à ces hommes dont l'opinion s'adapte à toutes les circonstances, qui ont des allures réglées sur la marche des événemens. J'ai opposé les principes et des faits aux écrits de ceux qui vendent leur pensée pour se rendre l'écho des passions du jour; qui s'empressent d'être les premiers à mentir sur des opérations d'armée dont ils ne connaissent pas plus les causes que les moyens.

Tout le monde veut penser et écrire sur la guerre; peu d'hommes la comprennent bien; beaucoup ne savent en juger que les résultats, sur lesquels ils élèvent des réputations à quelques hommes pour détruire celles des autres! (1).

___

(1) Je sais que le Prince d'Orange, depuis Roi d'Angleterre, a été mis par les historiens au rang des habiles généraux. On peut sans scrupule mettre la réputation militaire de Guillaume III, au rang des réputations usurpées. Une chose qui contribua beaucoup à élever ce Prince dans l'opinion de ses contemporains, fut sa rivalité avec Louis XIV, devenu la haine de l'Europe, après avoir fatigué pendant quarante ans son admiration. Pour déprimer ce monarque, on affecta d'exalter son antagoniste; on en fit un grand homme, dans les choses même ou il était au-dessous de la médiocrité; et les historiens ont été dupes de ce jeu des passions humaines.

*De Laissac*; de l'Esprit militaire, page 262.

Je ne prétends pas avoir écrit la courte campagne de 1815, qui pourrait peut-être fournir matière à un assez gros volume; je n'ai eu d'autre but que d'en faire connaître les dispositions militaires et de signaler les trois grandes fautes qui ont été faites par nous, et qui furent la cause de nos malheurs.

La première, est celle du 16, qui a arrêté le mouvement du premier corps d'infanterie, se portant sur un des points décisifs de la bataille contre les Prussiens, et qui a en même tems neutralisé la cavalerie qui aurait agi avec cette masse.

La seconde, vient de la marche lente et timide du corps de droite, le 17, au lieu de la poursuite rapide et vigoureuse d'un ennemi battu et en retraite.

Le retard, les incertitudes de la marche du 18 et les fausses manœuvres de ce côté ont produit le fatal résultat de la troisième : cette dernière, la plus grande de toutes, qui a duré autant que le jour, a placé le désastre là où devait être le triomphe.

D'après les conséquences que j'ai tirées de ces trois fautes, qui ont dû nécessairement en faire commettre d'autres, conséquences que je crois pouvoir présenter comme vraies, il sera facile au lecteur de faire la part de chacun : je lui ai montré les faits, et je lui livre mes réflexions ; je lirai moi-même, avec plaisir, celles qui seront plus exactes que les miennes.

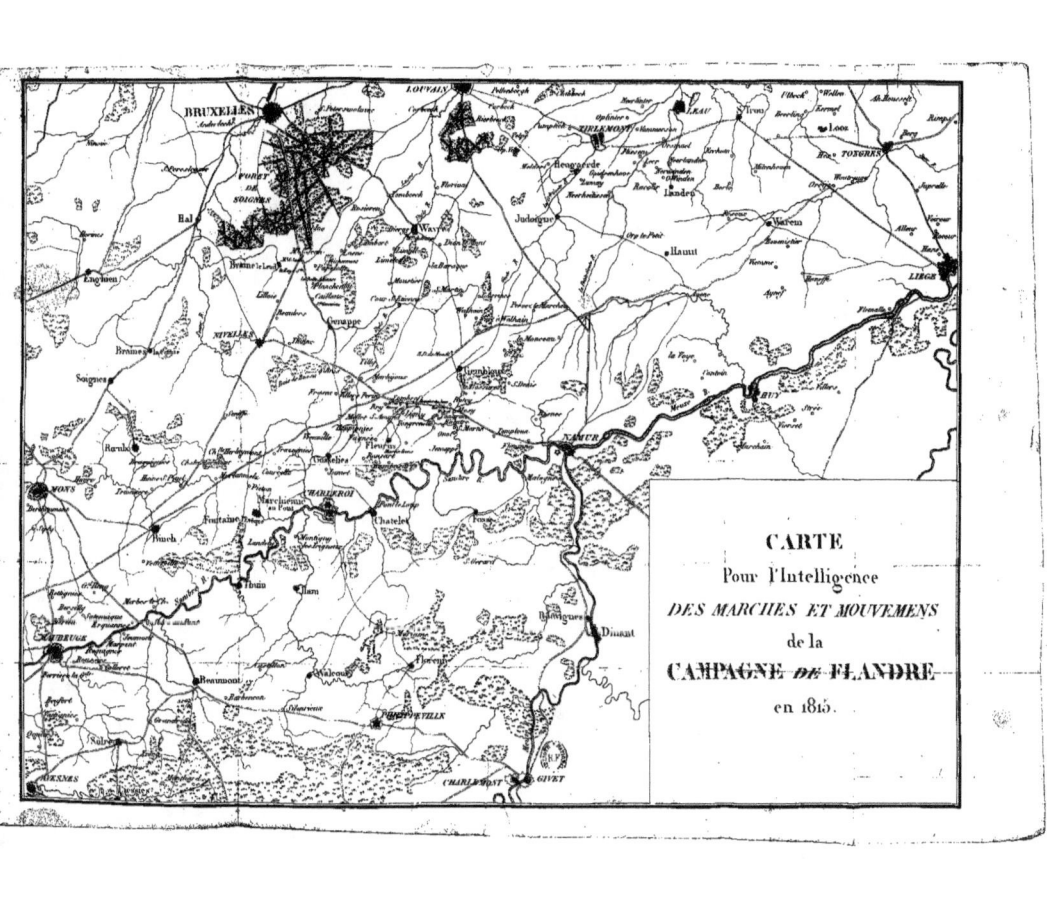

www.ingramcontent.com/pod-product-compliance
Lightning Source LLC
LaVergne TN
LVHW020945090426
835512LV00009B/1709